南开公共管理研究丛书

当代中国法院管理研究

A Study
on Contemporary Court
Administration
in China

郝红鹰◎著

天津出版传媒集团

天津人民出版社

图书在版编目（CIP）数据

当代中国法院管理研究 / 郝红鹰著. -- 天津：天津人民出版社，2016.7
（南开公共管理研究丛书）
ISBN 978-7-201-10690-8

Ⅰ.①当… Ⅱ.①郝… Ⅲ.①法院—管理—研究—中国 Ⅳ.①D916.2

中国版本图书馆 CIP 数据核字（2016）第 170812 号

当代中国法院管理研究
DANGDAI ZHONGGUO FAYUAN GUANLI YANJIU

出　　版	天津人民出版社
出 版 人	黄　沛
地　　址	天津市和平区西康路35号康岳大厦
邮政编码	300051
邮购电话	（022）23332469
网　　址	http://www.tjrmcbs.com
电子信箱	tjrmcbs@126.com

策划编辑	王　康
责任编辑	郑　玥
特约编辑	王佳欢
装帧设计	卢炀炀

印　　刷	高教社（天津）印务有限公司
经　　销	新华书店
开　　本	710×1000毫米 1/16
印　　张	12.75
插　　页	2插页
字　　数	170千字
版次印次	2016年7月第1版　2016年7月第1次印刷
定　　价	40.00元

总　序

改革开放以来,中国行政学恢复研究已经历了三十多年。三十多年来,行政学伴随着改革开放的发展而发展,在与行政改革和行政发展实践的互动中奠定了理论根基,并不断地开拓自身的研究疆域,在中国社会科学的学术土壤上茁壮成长,如今已成为最富有生机和活力的学科之一。

作为学科,其建设至少包含研究队伍、科学研究、人才培养和学术声誉四个要素,它们综合水平的高低体现着该学科的整体实力。从较为宏观的角度来看,行政学作为社会科学重要的组成部分,其研究队伍从改革开放初期的从无到有、从弱到强,已经完成了从"转行"出身到"科班"出身的转换,一大批中青年的专业研究人才崭露头角,成为行政学研究领域的重要力量。在科学研究方面,各个梯次的研究队伍伴随着当代中国行政改革实践的发展,深入地探讨了行政系统各个内在要素及其相互之间的关系、行政系统与其环境之间的关系,全方位地探讨了与行政发展相关的重大问题,并形成了较为丰富的研究成果。这些成果源于行政改革实践,并对行政改革实践发挥着重要的指导意义。从人才培养来看,随着中国行政管理专业人才需求的增长,高等学校陆续设置了相关专业,至今已经形成了包括本科、硕士(专业硕士)和博士在内的完整的人才培养体系,为行政学的学科发展培育了一大批新生的学术力量,也为提高政府机关的整体素质提供了有力的保障。在学术声誉方面,行政学科自恢复研究以来,以其理论与实际相结合,积极构建中国特色行政学科,主动参与行政改革实践,努力解决当今中国行政发展与发展行政的重大问题,而在中国的社会科学领域确立了自己的地位,并赢得了良好的学术声誉。

如今,中国的经济、社会和人们的社会生活发生了巨大的变化,国内外的行政学科也取得了很大的进展。具有社会性、综合性、动态性特点的行政学,应当对这种变化给予更大的理论自觉。在以后的理论研究中,应当突出需求导向和前沿导向。所谓需求导向,就是行政学的研究要瞄着国家发展中的战略课题,运用新理论、新方法和新技术解决经济、社会进步和政府自身发展中的重大问题。马克思曾经指出:"理论在一个国家的实现程度,决定于理论满足这个国家的需要的程度。"邓小平也曾指出:"深入研究中国实现四个现代化所遇到的新情况、新问题,并且作出有重大指导意义的答案,这将是我们思想理论工作者对马克思主义的重大贡献。"行政学能否取得其应有的学术地位,关键因素之一就是它在多大程度上研究了行政管理自身以及社会发展中的重大问题,并且为政府提供了多少富有创造性的、行之有效的对策。所谓前沿导向,即追寻国外行政学发展的最新趋势和最前沿课题,将其与中国行政改革和社会发展实践相联系,努力形成新观点,构建新理论,积极推进世界行政学科的发展。

中共十八大在新的社会历史条件下对我国的行政改革提出了新的要求。在政府和社会的关系方面,深入推进政企分开、政资分开、政事分开、政社分开;在政府建设方面,构建职能科学、结构优化、廉洁高效、人民满意的服务型政府;在政府职能及其转变方面,深化行政审批制度改革,继续简政放权,推动政府职能向创造良好发展环境、提供优质公共服务、维护社会公平正义转变;在行政体制改革方面,稳步推进大部门体制改革,健全部门职责体系;在行政技术方面,创新行政管理方式,提高政府公信力和执行力;在管理效率方面,严格控制机构编制,减少领导职数,降低行政成本;在事业单位改革方面,推进事业单位分类改革;在改革部署及其实施方面,完善体制改革协调机制,统筹规划和协调重大改革。

此外,中共十八大报告提出在改善民生和创新管理中加强社会建设,加强和创新社会管理,加快推进社会体制改革,加快形成党委领导、政府负责、社会协同、公众参与、法治保障的社会管理体制,加快形成政府主导、覆盖城乡、可持续的基本公共服务体系,加快形成政社分开、权责明确、依法自治的现代社会组织体制,加快形成源头治理、动态管理、应急处置相结合的社会管理机制,提高社会管理科学化水平,推动社会主义和谐社会建设。

以上论述为中国的行政改革和社会管理发展指明了方向,也为行政学科的研究提出了新的课题。行政学应当按照上述新的要求迈向新的研究征程,争取为我国的经济、社会发展提供理论指导和应用支撑。

南开大学的行政学科建设起步于 20 世纪 80 年代中期,在新的世纪取得了长足的进步。除了设有行政管理本科专业之外，还设有公共管理一级学科硕士点和一级学科博士点。在公共管理一级学科硕士点下设行政管理、社会保障、教育经济与管理三个二级学科硕士点；在公共管理一级学科博士点下设行政管理、教育经济与管理两个二级学科博士点。多年来在教学和科研中，不仅培养出一批优秀的专业人才，而且发表和出版了一批优秀的科研成果。为进一步推进行政学科的理论研究，我们和天津人民出版社一道策划了南开公共管理研究丛书，搭建南开行政学科教师和学生科研成果的展示平台。希望通过我们的努力，为中国行政学科的发展作出我们应有的贡献。

沈亚平

2013 年 3 月于南开园

序　言

司法体制改革是全面深化改革的重头戏。党的十八届三中全会作了重要部署，法院改革是司法体制改革的重中之重。按照中央的部署和要求，2014年7月9日，《人民法院第四个五年改革纲要（2014—2018）》正式发布。"四五"改革纲要提出，要坚持以法官为中心、以服务审判工作为重心，建立分类科学、结构合理、分工明确、保障有力的法院管理制度。

现代法院管理是一个系统工程。从法院的实际运行看，法院内部存在两种性质的管理：法院审判管理和法院行政管理，即法院是一个具有审判属性和管理属性的综合体。这两种性质截然不同的管理同时存在于一个组织体内，相互依存、相互促进，所以法院的组织特征呈现出一个二元异合体的属性。法院管理源于普通的行政管理，但由于其管理和服务的对象是法官和审判，因此法院管理又明显区别于普通的行政管理。有行政管理就有科层，而审判则强调独立，因此如何将行政管理的科层属性与审判管理的独立属性有效整合在一个法院组织体系内，将是今后相当长的时期内我国司法制度建设和司法体制改革的一个重大理论问题。

法院审判管理是法院为确保自身司法审判职能的实现而针对审判业务进行的管理活动；法院行政管理是法院针对自身运行所必需的一系列内部行政事务进行的管理活动。司法审判职能是人民法院的基本职责，而法院的运行又不可避免地会涉及对法官及相关人员的管理、财务管理和其他一些必要的行政事务管理，因此审判管理与行政管理都是法院管理不可或缺的组成部分。法院行政管理能力的高低，直接影响法院审判效率和效果的发挥。在现实中，不恰当的行政管理有时也会对法院的依法独立审判造成影响，影响法院的司法独立或审判独立。

完善法院管理的基本路径是，在法院这一特殊的独立体系内，严格区分法院审判管理和法院行政管理的职能，构建和完善科学合理的法院二维管理制度体系,使审判管理制度与行政管理制度良性互动、有机结合,即保证法院的"主业"审判任务的完成,实现公平、正义,同时,完善和提高法院的行政管理制度,使法院的审判工作高效运行,实现公正和效率的有机结合。

在建设社会主义法治的新时期,改善法院管理主要应当着眼于改进法院管理的运行环节。主要包括:其一,推进法院管理的去行政化。司法体制行政化是实现司法独立和司法公正的制度障碍和观念障碍,因此司法体制改革当以改革司法体制的行政化为核心,推进去行政化的司法改革。其二,建立健全专业审判委员会。基于现行审判委员会制度导致直接审判缺失的司法现实,应当建立健全专业审判委员会,主要内容包括两个方面:一是实行专业审判委员会委员的直接庭审,二是确保双方当事人知情和有权申请回避。其三,当前完善法官遴选制度的首要任务是切实建立法官遴选的多元把关机制。构建这一机制的主要内容有二:一是切实建立三方参与的审查机制,二是应在录用后增加六个月的试用期。其四,在法院的管理中应当加强法院文化建设,其实质是构建法官自律机制和他律机制的过程。法院的文化建设要以公平、公正、廉洁为核心价值,通过文化建设努力实现人民法院管理工作的新发展。

本书的初稿成文于2011年5月,是笔者博士学位论文的最终成果。其后,笔者在法院的实际工作中,持续关注着书稿中所论及的法院管理去行政化、建立法官员额制度、健全法官遴选制度等问题,感觉当时在论文中提出的一些设想和建议,与当前法院系统所进行的深化系统的司法改革有契合的内容和关注点,故不断对书稿进行了多次修订。现将拙作发表,一是祈望得到社会各界专家、学者、同人及广大读者的指正,以促进笔者自身增进知识;二是衷心期望与各界朋友共同推进各级法院管理逐步提升科学化水平,共同见证人民群众早日共享中国司法体制改革的伟大成果。

郝红鹰

2015年7月17日于天津市书香园

目　录

第一章 导 论

第一节 问题的提出和研究意义

一、问题的提出

21世纪是中国继续建设法治国家的时代。宪法第五条规定："中华人民共和国实行依法治国，建设社会主义法治国家"，由此我国确立了法治的治国方略。对于人民法院（以下简称"法院"）而言，依法治国的内涵集中体现在依法审判上。法院依法履行其司法审判的职能，在维护社会稳定、构建和谐社会等方面起着不可忽视的作用。

据统计，从1978年1月到1982年12月的五年间，地方各级法院共审结一审刑事案件93.9万余件，二审刑事案件15.7万余件，处理刑事申诉案件128.9万余件。同样是这五年，法院受理的民事案件逐年大幅度上升。地方各级法院共审结一审民事案件264.8万余件，二审民事案件16.5万余件，处理民事申诉案件3.17万余件。同时，还处理了大量的简易纠纷。[①]在民事收案中，不仅婚姻家庭、继承、房屋、宅基地、损害赔偿等纠纷显著增多，而且新增加了不少土地、山林、水利、农具、耕畜、肥料等纠纷，涉外民事案件也已出现，并有上升趋势。民事案件的上升和变化，总的说来是正常的现象。这一方面是由于加强社会主义民主和社会主义法制，人民群众对于民事纠纷敢于提起诉讼，法院也积极受理民事案件，维护公民的合法权益；另一方面是由于贯彻执行对外开放、对内搞活经济的政策，出现了一些新问题，反映在民事关系上就

---

① 参见1978—1982年《最高人民法院工作报告》。

产生了许多新的纠纷。

改革开放初期的五年，各级法院的工作重心是平反冤假错案。据统计，"文革"期间判处的反革命案件中，冤错的比例一般占40%左右，有些地区竟高达70%或80%。这些案件数量之大、比例之高、后果之严重，是新中国成立以来仅有的。"文革"期间全国共判处了刑事案件120余万件，截至1981年6月底，各级法院已经复查了113万多件（其中，反革命案件27万多件，普通刑事案件86万多件）。从中改判纠正了冤假错案25.1万多件，涉及当事人26.7万多人（其中，反革命案件17.5万多件、18.4万多人，普通刑事案件7.6万多件、8.2万多人）。[①]

1998年至2002年，地方各级法院和专门人民法院（以下简称"专门法院"）共审结各类案件2960万件，是二十年前的7.5倍，比前五年上升22%。法院以维护社会稳定为己任，依法惩处各类刑事犯罪。五年来，共审结一审刑事案件283万件，比前五年上升16%，判处犯罪分子322万人，上升18%。其中，判处五年以上有期徒刑、无期徒刑和死刑的有81.9万人，占25%。

2006年，地方各级法院共办结各类案件8105007件，结案数同比上升2.07%。其中，审结一审刑事案件701379件，判处罪犯889042人；审结一审民事案件4382407件，诉讼标的额68278.8亿元；审结一审行政案件95052件；审结国家赔偿案件2323件，涉及赔偿金额3484万元；办理执行案件2149625件，执行到位金额3455.8亿元；审结申诉和申请再审案件197468件。2003年至2007年，地方各级法院和专门法院审结各类案件3178.4万件，比前五年上升1.59%。监督指导地方各级法院审结一审刑事案件338.5万件，总数比前五年上升19.61%。其中，判处五年以上有期徒刑、无期徒刑和死刑的有76万人，占判处罪犯总数的18.18%，比前五年均有所下降。[②]

从上面这些数字和情况介绍可以看出，法院的审判工作关系社会各个阶层的方方面面，关系千家万户；法院管理工作运转的好坏，直接关系社会是否稳定，关系法治水平的高低，关系一个国家司法文明程度的高低。法院作为重要的国家机器之一，其设立的最根本的功能就是履行国家法律赋予的审判职能，这是法院职能在政治学或宪法学维度的制度内涵。但在现实

---

① 参见1982年《最高人民法院工作报告》。

② 参见1998—2008年《最高人民法院工作报告》。

中,法院作为一个特殊的组织系统,各级法院都由法官、法官助理、书记员及其他辅助人员、后勤保障人员组成。既有这些人员的录用、晋职、晋升的事宜,也有办公预算和支出等事务性工作,按照管理理论,就应该有上述事务管理的一套运行机制。因此,法院在履行审判职能和审判管理的同时,总是会有法院内部的行政管理事务。由于法院的审判业务与其行政管理事务性质不同,但两者又同在一个组织体系内,相互依存,正是基于此,法院内部的行政管理就有可能与法院的审判工作发生某种冲突,甚至会在一定程度上影响审判权的正常行使。

由于中国近代洋务运动以来所建立的司法制度大多是从西方引进、移植过来的,并且移植以后的司法制度与中国的传统文化和国情存在着相当大的差距和矛盾,而且一直也没有形成自己独立的司法实践传统,所以只能算作概念和理念的移植。虽然法院内部的司法行政事务的管理会对法院的审判产生重要影响,但是长期以来,在传统的法学理论研究中,该问题一直没有得到应有的重视。学术界只注重抽象的法律概念、理论或者对司法原则规定的研究和注释,不重视从制度本身研究和反思中国法院运作中的内在规律、存在的实际问题和解决途径。

有组织的地方就有管理,两者相互依存。有人说管理是一门科学,当然更是一门艺术。作为一门学科的管理学研究首先是一门科学,正因如此,要想了解、认知、把握直到利用它,就应该以科学的精神去对待它。只有这样,才能收到预期的效果。法院是一个特殊的组织,即在其自身中,同时存在审判管理和行政事务管理。在这种双重性管理组织中,它的管理有别于其他领域的管理,具有自身的独特性质、特点和基本规律,应该在实践中认真研究和把握。现任最高人民法院常务副院长,曾任中共上海市纪委书记的沈德咏指出:"法院管理是一项有其独立价值和特别规律的事业。法院管理源于普通的公共管理,但因它服务对象是法官和审判,所以法院管理又有别于普通公共管理,在实践中是一个独立的领域,在理论上是一个独立的学科。而且,法院管理在今后相当长一段时间内将是现代司法制度建设中的一个重点领域。法院管理对于审判职能的独立、公正行使如此重要,而这一领域在中国又是一个全新的领域,所以其发展空间相当可观,从事法院管理的研究和实践必定大有作为"①。

法院审判管理和法院行政管理都是法院管理的重要组成部分。审判管理是法院管理的核心内容,它直接决定着法院的基本职能的实现;行政管理也是法院管理必需的基本要素,它能有效保障法院司法审判职能的实现。但有时,在法院管理的实际运行中,行政管理也会构成对法院审判业务的不正当干预,影响甚至破坏法院审判活动的公正性。

在一定意义上说,法院内部机构及其权力运作,是司法改革的重要内容;法院管理能力是司法能力建设的重要内涵。这也就是说,如若深入研究和把握法院管理的成因、规律和特点,就必须把它置于所处的历史背景和整体的制度框架下进行研究,否则,就会产生片面的和机械的结果。尽管法院管理是管理科学的一个研究领域,但长期以来,学者和实务界对它的特点和规律研究得不够全面。对于具有双重管理属性的法院,应该将其作为一个特别的领域来研究,揭示、探讨法院管理的内在规律和特点,使法院管理朝着科学化、制度化的方向发展。

二、本书的研究意义

(一)理论意义

管理是人类社会中各类组织的重要职能。自20世纪初科学管理运动兴起并促进其他领域管理科学化之后,管理科学为各类组织的生存和发展奠定了坚实的理论基础。法院是社会中的一个特殊的组织体系,在社会生活中发挥着特殊的功能。法院管理与其他组织的管理既存在着一致性,又有其自身的特殊性。法院管理和服务所面临的对象是法官群体和审判活动,因此它应当成为一项具有独立价值和特殊规律的管理活动。既然如此,对于法院管理的研究就有了重要的理论价值。

遗憾的是,目前国内还没有专门研究法院管理的论著,一些相关的研究散见于法院审判管理(案件流程管理)、法院行政管理的文献中,例如,柯建刚的《建立和完善科学、廉洁、高效的审判和管理机制——最高人民法院负

---

① 肖宏:《中国司法转型期的法院管理转型——兼对司法行政权与司法审判权在法院内部分离管理的论证》,《法律适用》,2006年第8期。

责人谈最高人民法院机构和人事制度改革》；1997年贺卫方发表的《中国司法管理制度的两个问题》；此外，还有王利明从法院的内部管理体制和设置的角度，研究其存在的不足和需要改革之处的《法院的管理体制和设置的改革》；汪丽、冯其江的《科学设置内设机构以增强法院管理能力：以此文配合贺卫方老师的芜湖法学与法治宣讲以推动我国的司法体制改革》等。总的来说，现有的相关研究还不够系统和深入，而本书通过运用公共管理的一般理论和方法针对法院管理这一特殊管理领域的研究，既能够丰富公共管理的基本理论，又能为法院管理理论的系统化做出贡献，也可以为以后的同类研究奠定一定的基础。

（二）现实意义

从实践的角度来看，科学的管理才能创造高效率，法院管理的科学化将提升司法资源的利用率。2005年4月5日，最高人民法院印发了《关于增强司法能力提高司法水平的若干意见》。该意见中规定"以司法体制改革为动力"，全面增强司法能力、提高司法水平。以此为契机，各级人民法院应当大胆尝试，努力进行司法体制改革。求真务实，实事求是，与时俱进。全面加强队伍建设，不断提高法院队伍的政治素质、业务素质和职业道德素质。"要切实增强队伍管理、司法管理和政务管理的能力，提高民主决策、科学决策、依法决策的水平。要将法院工作管理方式从行政化管理转变到符合审判工作特点和规律的司法管理方式上来，推进管理机制创新……进一步加强审判工作宏观指导机制、审判流程管理机制、审判质量管理机制、执行工作管理机制、队伍管理机制、综合协调和后勤保障机制的建设，进一步提高法院司法管理水平。"加强司法能力建设是一项复杂的系统工程，不能仅从法院内部去考虑，还应将其放到依法治国、建设法治国家的战略大局中去思索、去谋划。围绕着法院内设机构及人员进行的司法能力建设，亦要正确处理司法工作与党的领导、人大监督的关系，力争得到社会各方的支持。这样才有利于司法体制改革的整体推进，有利于当今和谐社会之构建。所以研究法院管理具有非常重要的现实意义。

第二节 基本概念阐释

一、法院管理

"法院管理"一词在我国司法理论界和审判实务界一直缺乏明确的界定,一个被广泛接受的中国"法院管理"的概念还没有形成。《人民法院第二个五年改革纲要(2004—2008)》明确提出"司法管理"的概念,将它分为审判管理、司法政务管理、司法人事管理三大部分,但对"法院管理"的概念仍没有明确的定义。最高人民法院蒋惠岭认为,法院管理是法院的司法行政,包括案件审理层次的审判管理、系统运作层次的外部管理和机关运转层次的事务管理,它是与法院审判职能对应的管理职能。①蒋惠岭还撰文指出:"审判管理是那些与审判案件直接相关的事务的管理,如案件流程管理、案件质量和效率管理(绩效评估)等。司法政务管理包括为审理案件和法院的运转提供支持和服务的活动,如办公设施、经费保障、后勤事务等。司法人事管理包括法官管理、辅助人员管理、行政人员管理等。"②贺卫方认为,法院的组织及其运作方式诸如法官的选任与任期、案件管理、司法财政以及对于司法界的监督等,实际上是同样重要的,都属于法院管理的范围。③国外学者对"法院管理"的定义论述较多。如美国学者哈里·格利克(Henry R. Glick)认为:"司法管理(judicial administration)包括法院组织和人事的管理以及诉讼的运行管理。法院组织和人事管理的具体事项包括诸如法院的组织和管辖;法官的选任和任期以及法院中所有其他工作人员的聘用、训练和监督;以及例行文秘事务。诉讼的运行管理通常涉及案件处理的进程和花费以及建立法院运作的统一规则以减少案件处理过程中的混乱和不均衡。"④美国新泽西州首席大法官阿瑟·范德比尔特(Arthur T. Vanderbilt)认为,法院管理包括法官选任、行为和任期,管理法院事务、程序的司法规则和决策,陪审员的选任

① 参见蒋惠岭:《论法院的管理职能》,《法律适用》,2004年第8期。

② 蒋惠岭:《关于二五改革纲要的几个问题》,《法律适用》,2006年第8期。

③ 参见贺卫方:《中国司法管理制度的两个问题》,《中国社会科学》,1997年第6期。

④ Henry R. Glick, Courts, *Politics, and Justice*, Mcgraw-Hill Book Company, 1983, pp.48–49.

和服务,审前会议,有限管辖的法院,上诉实践,州的审判和行政机构。①纽约司法管理研究院院长德尔马·卡伦(Delmar Karlen)教授认为,司法管理不仅包括法院内务管理,还包括法院结构、司法选择、法律职业的组织与培训等造成司法制度好坏的一切因素。②美国学者玛丽亚·达科丽亚(Maria Dakolias)认为,法院管理包括法院管理和案件管理两个领域。法院管理涉及法院的行政功能,包括行政事务、人事、预算、信息系统、统计、计划和法院维持;案件管理定义为案件程序。从上述的表述来看,"法院管理"的概念有广义和狭义之分:狭义的法院管理只限定在法院内部;广义的法院管理包括法院与外部的关系,如在我国还包括法院与执政党、人大、政府等部门的关系。这方面不仅内容庞大复杂,而且涉及体制问题,它会随着政治体制改革的不断深化而进一步完善。

本书在狭义上使用"法院管理"一词,讨论的范围只限定在法院的组织内部管理及其运作方式方面。这种意义上的"法院管理"包括两部分:一是法院为完成司法审判职能而进行的审判管理;二是法院针对内部人员、财务以及其他事务进行的行政管理。在实践中,法院根据自身的工作规律和条件,对人员的素质要合理定位,理顺部门职能,充分整合各种资源,培育和建立公开、公正、高效、民主、廉洁的工作运行机制,从而有效行使宪法和法律赋予人民法院的各项审判职能,实现社会公平与正义。简言之,法院管理就是将人民法院的人力和物力进行整合,建立一种既符合审判管理工作需要,又能实现必要的行政管理职能的管理体系。

同其他管理活动一样,法院管理不仅有其特定的管理主体和管理对象,也有其明确的管理目标。同时,还应明确任何管理活动都不是孤立的,它必须在一定的环境和条件下进行。

1. 法院管理的主体

组织是由人组成的集体。管理是在组织中进行的活动,是组织的机能,管理的主体是组织,只要有组织存在,就有组织管理行为存在。不同的组织有不同的管理模式,组织决定管理行为,只有了解组织才能了解管理。同时,

---

①　See Arthur T.Vanderbilt,*Some principles of judicial administration*,California State Bar Association,1950.p.24.

②　See Delmar Karlen,*Judical Administration:The American Experience*,Butter Worth & Co.(Publishers)LTD,1970,p.1.

管理作为一种行为,实际上是物质的一种运动状态,组织和管理的关系就是物质和运动的关系,是密不可分的。

同理,研究法院管理也必须首先研究法院的组织及其基本运行。从内部的组织视角看,法院主要包括审判管理组织和行政管理组织。从法院的实际运行看,法院审判管理和法院行政管理的主体有所不同:法院审判管理的主体是从事审判业务的法官,实际包括了"一岗双责"的院长和庭长;法院行政管理的主体主要是由审判人员以外的行政主管和行政辅助人员组成,行政主管主要指院长和庭长,行政辅助人员主要包括办公室、人事部门、财务部门、档案管理部门、后勤部门等在内的行政人员。在此,比较特殊的一点是,作为法院核心业务主体的法官,既是审判管理的主体,又是行政管理的客体。

2. 法院管理的客体

管理客体包括人、物和行为。管理客体直接影响管理者的行为,管理客体的复杂性导致管理方式的复杂性,管理方式的复杂性决定了管理工作应该因人而异,采用权变原则;不会变通、强求一致的管理方式可能会导致管理上的失败。

从性质上看,法院管理的客体可分为审判业务管理客体和行政事务管理客体。具体而言,法院审判管理的客体主要包括审判流程、案件质量、审判效率等;而法院行政管理的客体主要包括办公事务、财务、人事(法官、后勤人员)、后勤事务等。

在法院管理实践中,法院管理的客体有时具有双重身份。例如,法院的中层干部(比如庭长、处长等),他们对上服从于院长、副院长的领导指挥,是管理的客体;对下管理本部门的法官或其他工作人员,是管理的主体。他们在法院的管理系统中处于承上启下的特殊地位,对他们的管理和要求不能等同于一般干警,应高标准、严要求。把中层干部管理好,对搞好整个法院的工作具有至关重要的意义。

3. 法院管理的目标

管理目标决定了管理行为的选择和管理过程的安排,它贯穿于整个管理活动的各个环节,渗透于各项具体组织活动中,管理目标能否实现是衡量管理活动合理与否的标志和尺度。因此,管理目标是管理行为存在的理由和灵魂。正如美国著名的社会学家塔尔科特·帕森斯(Talcott Parsons)所言:"组织必须能解决下列四个问题,否则就不能称之为组织:如何适应环境;如何决定目标并动用所有可供利用的资源来全力完成它；如何协调和统一组织中各个成员的关系，发挥他们的干劲，使组织成为一个动作一致的整体，完成共同目标；如何维持组织成立时的目标而不放弃。"①

作为一个审判职能机构，法院管理的目标与其自身的组织目标是高度一致的，即实现司法公正和保证司法效率。其中，司法公正要优先于司法效率，应确保"公正优先，兼顾效率"。《人民法院第三个五年改革纲要(2009—2013)》确立了法院司法改革的基本任务和目标，也对法院管理目标给出了具体性的指导意见，即优化人民法院职权配置；落实宽严相济刑事政策；加强人民法院队伍建设；加强人民法院经费保障；健全司法为民工作机制。

4. 环境和条件

任何组织都存在于一定的环境和条件之中，环境和条件不仅是法院系统建立的客观基础，也是它生存和发展的必要条件。有利的环境和条件能够促进法院管理行为的规范和职能的实现，促进管理效率的提高，从而促进整个组织系统的发展；不利的环境和条件则会阻碍管理活动的进行，延缓管理进程，甚至使管理活动中止。法院的管理者要实现预期管理目标，就必须重视对环境和条件的研究。

法院管理作为一种实践活动，是我国社会主义司法制度的一项重要内容。研究法院的管理，就必然涉及我国的政治制度、经济制度、文化制度以及司法制度等环境和条件。因为归根结底，法院管理的出发点和落脚点就是要实现上述各类制度和内在要求。《中华人民共和国人民法院组织法》第三条规定，法院的任务是审判各类案件，并且通过审判活动惩办一切犯罪分子，解决民事纠纷，以保卫无产阶级专政制度，维护社会主义法制和社会秩序，保护公私财产，保护公民的人身权利、民主权利和其他权利，保障国家的社会主义革命和社会主义建设事业的顺利进行。法院用它的全部活动教育公民忠于祖国，自觉遵守宪法和法律。因此，法院管理作为法院活动的重要组成部分，并不是独立于社会主义政治制度、经济制度和司法制度之外的超然存在，它本身就内生于整个制度，制度的整体走向对它的影响和制约是不言而喻的。

---

① 转引自李建设著：《现代组织学》，浙江教育出版社，1998年，第5页。

二、法院审判管理

法院管理不能离开法院的工作特点宗旨和目标。法院是国家的审判机关,通过审理各类案件,惩罚犯罪和调解各类纠纷,化解各种社会矛盾,维护政权的稳定和社会和谐发展。

从人类社会的发展历程来看,人们共同追求的司法目标就是公正和效率的实现。法院是以惩罚破坏社会公共秩序的犯罪、解决纠纷、调处矛盾为主要职能的组织,是实现公正与效率最重要的手段,所以人们追求司法的最终目标也正是法院行使审判权最终所应实现的目标。正因如此,法院的管理及其他相关工作,都应围绕这一中心目标来安排。基于此,就要求法院的机构设置、审判权的运行和管理、法官的选任及其他附属人员的管理和培训等等,都要为"公正与效率"这一主题和目标服务。审判管理是法院特有的管理内容,是法院管理工作的核心,它不仅关系审判权的规范运作,而且直接关系司法所追求的"公正与效率"价值目标的实现。

具体来说,"法院审判管理"是指法院为实现司法价值目标、保证司法审判工作,严格依照法定程序公开、公正、高效、有序地运行,运用计划、组织、指挥、协调和监督等方法,对司法审判工作各环节进行科学管理的活动。从内涵上讲,它是指法院对直接围绕审判活动的审判程序及辅助工作所进行的管理;从外延上讲,它还包括立案、送达、财产保全、调查取证、排期案件、案件记录、庭前准备、审限监督、案卷归档等管理活动。《人民法院第二个五年改革纲要(2004—2008)》第二十九条指出:"建立健全审判管理组织制度,明确审判管理职责,建立并细化与案件审理、审判权行使直接相关事项的管理办法,改善管理方式,建立案件审判、审判管理、司法政务管理、司法人事管理之间的协调机制,提高审判工作的质量与效率。"该条涉及了法院审判管理的具体环节,法院审判管理就是由上述内容组成的一个有机整体。

三、法院行政管理

"法院行政管理"也称"法院司法行政管理"或"司法政务管理",是指为满足法院司法审判工作的需要,法院及其司法政务管理部门依据有关法律、法规和规章制度,对各项司法政务工作进行的管理活动。它包括对法官的选任和培训、法官以外人员的行政管理、机关财务和诉讼费的管理、后勤保障的管理等。法院行政管理也是法院管理不可或缺的组成部分,它是影响法院独立地位和法官工作环境的又一个重要方面。尽管它与法院的司法职能相比,在整个法院的工作中并不占据显著地位,但它却是保障法院能独立司法的一个重要组成部分。

第三节 相关文献综述

一、国内相关文献综述

随着经济社会的不断发展,法院承担的任务更加繁重,面临的考验更加严峻,所处的环境更加复杂,加强审判管理成为推动法院工作发展的必然趋势和迫切要求。相比较而言,国内学术界关于法院管理的研究比较薄弱、论述比较分散,现将其综述如下。

(一)关于审判管理

1. 关于加强审判管理的重要性和必要性

中国社会科学院梁慧星从中国司法发展历程的角度出发,认为现阶段推进中国司法改革的重要任务是加强审判管理,以此提高法官队伍的素质,树立法律的权威和法院的威信,实现"管理强院"。北京大学朱苏力以当前困扰法院工作的案多人少问题为切入点,认为创新和加强审判管理不仅有利于提高司法效率,增强司法系统处理案件的能力,也有利于反腐和推进其他工作的开展;基于管理出效率、出"生产力"的管理学一般原理和历史经验,加强审判管理至少有望缓解案多人少的矛盾。中国政法大学王卫国立足于司法运行规律,认为加强审判管理能够对审判权进行有效制约,确保法官正确行使自由裁量权。实务界代表结合实践中存在的突出问题,立足于法院自身的发展论证加强审判管理的重大意义。上海高院研究室主任席建林针对审判权既分散又集中的特性和人民群众对司法的期望值较高、容忍度较低的审判形势,认为需要审判管理的监督制约,以保障审判权的规范、廉洁行使。北京高院研究室主任靳学军针对审判工作面临的各种非法干预,指出加强审判管理有利于保障人民法院依法办案。还有的法院代表认为,加强审判管理有利于提高法院执法办案水平,提升法院队伍司法能力,强化正确的司法政绩观,破解人民法院的司法难题,是确保法院公正廉洁司法的有力措施。

2. 关于审判管理的性质、内涵、价值等相关理论

审判管理伴随审判而生,是审判权运行的必然要求。针对审判管理的内涵问题,四川大学顾培东认为,审判管理分为以总体审判运行为对象的宏观层次的管理和以个案裁判为对象的微观层次的管理,后者问题更加突出,更值得重视。中国政法大学何兵指出,审判管理是为法官服务、为审判服务的,必须强化审判管理的服务内容,规范审判管理的监督内涵。还有的法官认为,应该将审判管理放在优化司法职权配置的背景下予以研究,审判管理就是动态的审判职权优化,包括审判事务管理和审判指导监督两大方面。

针对审判管理的价值目标问题,中央党校卓泽渊、四川大学左卫民指出,审判管理的制度设计、贯彻实施和状况评价都必须坚持和体现"公正"与"效率"这两个核心价值。审判管理只是方法和手段,加强审判管理必须以审判为中心,把握"公正高效、廉洁为民、规范文明"的价值取向。

3. 关于加强审判管理与发挥法官的主观能动性

创新和加强审判管理应契合司法规律,注重发挥法官的主观能动性。朱苏力认为,司法需要法官的智慧和积极性,即法官的智力投入和法官的某种程度的创造性。司法的性质要求其自身要有比行政官员更大的裁量权,审判管理和法官独立在有些情况下是兼容的,并会相互强化和支持;但超过了一定的限度,就一定会相互弱化,因此在加强审判管理的同时要注意保障法官依法独立办案。

审判管理的实质在于调动法官的积极性,必须尊重法官的主体地位,以确保审判信息对称,提高审判的公正和效率。要充分发挥法官的主观能动性离不开加强法官队伍建设。梁慧星、王卫国认为,要真正解决裁判公正问题、提升法院公信力,光靠审判管理还不够,还需要法官素质的提高,而法官的素质问题并非仅仅通过加强管理就能有效解决的。四川高院院长刘玉顺认为,在强化审判管理的同时,要全面贯彻"以人为本"的思想,大力弘扬人民司法优良传统,培育新时代法官的职业精神、职业操守,培育与之相应的思维模式、办案模式和工作模式,切实关心爱护干警,保证干警身心健康,把审判管理和队伍建设有机结合起来。

4. 关于进一步完善审判管理

审判管理既是一项开创性工作,也是一项复杂的系统工程,实践操作中面临着诸多亟待解决的难题。针对审判管理的发展方向问题,朱苏力根据成本、收益、价格等经济理论,指出必须在社会管理这个大系统和大背景下来理解加强和创新审判管理,来解决案多人少的矛盾。因此,审判管理的战略方向应从增加司法供给转向降低司法需求,适当提高司法解决纠纷相对于其他纠纷解决方式的成本。梁慧星认为,个案裁判缺乏统一的客观衡量标准,审判管理不宜进行简单的机械量化。王卫国强调,审判管理既要与国家监督有效沟通,又要与法院审级监督、同级监督接轨,还要向社会监督开放。左卫民认为,审判管理需要在尊重司法规律的前提下进行,需要坚持法治化的基本原则,尊重裁判者的裁判地位。

针对审判管理的模式选择问题,最高法院司改办主任卫彦明认为,审判管理不能搞成复杂烦琐的考评式,应当按照流程调控、信息对口、权责分明的思路来制定简单易行的机制。要成立专门机构,统一审判管理职权,以实现对审判的集中、主动、精细、规范专业管理。

针对审判管理与信息化建设的问题,左卫民认为,审判的信息化比管理的信息化更为重要,要实现审判的信息化由单方到多方、由内部到面向社会的转变。最高法院研究室主任胡云腾、南京师范大学李浩认为,应当以完善审判管理为契机,实现司法统计精细化,扩大统计数据的公开。

5. 关于审判权与审判管理权

大多数学者和专家都认为,审判权与审判管理权既有联系又有区别,两者应界限清晰,相互尊重。王卫国认为,审判权要在确保审判独立和公正的前提下,接受并配合管理;管理权要在尊重审判权的前提下,科学管理、热忱服务。而衡量审判管理权优质化的标准则应是定位科学、边界清晰、行使透明、关系协调。审判管理权不能代替和侵蚀审判权,而是应从属于、服务于审判权,保障审判权的有效运行。西南政法大学付子堂认为,"两权"改革适应了我国司法改革的客观需要,有利于提高司法效率、促进司法公正、提高司法公信力,既有实践意义,更有理论意义。胡云腾认为,"两权"改革建立了一个相对完善的信息化审判管理系统,破解了当前法院审判管理工作中的突出难题,既解决了现实问题,又构建了长效机制,使审判管理进入更高层次。顾培东认为,实践中可能产生一些问题,如院长、庭长的"隐性权威"对于合议庭裁判意见的影响、管理过严与激励不够可能造成的"约束疲劳"等,应有相应的对策。①

6. 关于审判管理改革

安徽农业大学法学系胡志斌在《关于法院审判管理机制的探讨》一文中,从审判管理模式、现行管理模式的弊端、完善管理机制、法官独立审判、合议庭职能、案件质量效率、评价体系等方面进行了论述。②广州市萝岗区人民法院张玲南在《论法院审判管理组织的合理设置》一文中指出,目前关于审判管理改革的理论探讨中,几乎未见针对审判管理组织的单独设置问题进行的系统论述。但诉讼的剧增,使审判管理愈来愈受到重视,并被置于司法改革的显要位置,其核心是对审判资源进行合理配置,寻找公正和效率的最佳结合点,以最经济的司法成本获取最大的司法效益。审判管理不仅关系审判权的规范运作,而且直接关系司法所追求的公正与效率的价值目标的实现。作为一个整体性的审判组织,法院内部构造的合理性程度也会对法院的审判职能产生制度性的或非制度性的影响,甚至会异化法院的审判功能。对此,刘城、王翔合写的《论建立现代型法院内部审判管理机制的初步路向》一文从三个方面进行了论述:一是何谓"现代型法院内部审判管理机制";二是当前法院审判管理的特点是行政化及其弊端;三是改革措施。③仕靖涵的《浅议法院审判管理机制》从管理学理论入手,从审判管理概述、审判管理改革的必要性、审判管理面临的问题三个方面,论述了审判管理的内涵、重要性以及它所面临的主要问题和完善方向。全国各高级人民法院和专业法院以及各地方法院均根据本院自身的特点,制定了符合本院实际的法院审判管理办法及工作实施细则。吉林大学法学院母龙刚的《人民法院审判管理改革问题研究》是一篇系统研究人民法院审判管理改革的专题论文。文章认为,审判管理虽然只是人民法院内部的微观管理活动,但由于长期以来,人民法院内部重审判、轻管理,加之现有管理模式陈旧,行政化色彩浓厚等弊端的存在,这日益成为人民法院审判工作发展和进行司法改革的一大阻碍。

① 上述材料来源于最高人民法院与四川高院、成都中院联合举办的"审判管理理论与实务"论坛上专家、学者和实务界代表的发言摘要。《人民法院报》,2010年10月20日。

② 参见胡志斌:《关于法院审判管理机制的探讨》,《法治研究》,2008年第9期。

③ 参见刘城、王翔:《论建立现代型法院内部审判管理机制的初步路向》,《特区法坛》,2002年第71期。

1999年最高人民法院印发的《人民法院第一个五年改革纲要(1999—2003)》也明确提出了"建立符合审判工作特点和规律的审判管理机制"的改革目标。因此,必须对其进行改革,以构建新型、高效、廉洁、运行良好的审判管理机制。该纲要从审判管理改革的因由及现实意义、审判管理改革的方向及基本原则、审判管理改革的主要内容三个方面,对审判管理改革问题进行了论述。2010年8月10日,最高人民法院院长王胜俊在江西井冈山召开的全国大法官专题研讨班上强调,创新和加强审判管理是人民法院为经济社会发展大局服务的必然要求,是促进司法公正、廉洁、为民的必然要求,也是实现人民法院科学发展的必然要求。王胜俊同时强调,创新和加强审判管理要重点抓好五项工作:一是创新和加强审判质量管理,确保司法公正;二是创新和加强审判效率管理,促进司法高效;三是创新和加强审判流程管理,强化监督制约;四是创新和加强审判层级管理,提高整体水平;五是创新和加强审判绩效管理,发挥导向作用。

7. 关于审判质量监督

黑龙江省双鸭山市四方台区人民法院王占林在《关于法院案件审判质量监督管理工作问题的研究》中,通过对法院案件审判质量监督管理机制进行深入调研,对其存在的问题及成因进行细致分析,并结合具体的工作实践就人民法院如何建立和完善案件质量监督机制进行论述。[1]重庆市合川区人民法院郭明均在《浅谈案件质量管理机制的建构和完善》一文中,强调"公正司法,一心为民"是人民法院的根本宗旨,而司法公正又是通过法官对个案的具体处理体现出来的,案件质量是人民法院审判和执行工作的生命线,如何确保案件质量是人民法院永恒的主题,同时该文结合该院实际,就加强案件的质量管理机制进行了探讨。李湘琴的《案件质量评查的工作设想》从公正与效率是人民法院的工作主题、案件质量是司法公正的生命线入手,提出为了强化案件质量管理,切实提高审判质量和效率,必须按照以质量为中心、以效益为目标的工作思路,以案件质量评查为手段,以规范化管理为主线,倾力打造案件质量精品工程,积极构建审判质量管理的长效机制,同时该文从定位审判质量检验评查工作发挥质量检验的积极作用、案件质量评

---

[1]　参见中国黑龙江信息网,http://www.hljic.gov.cn/qydt/zwxx/t20100909_517976.htm,2010年9月9日。

查机制运行的现实困惑和建立科学合理的案件质量评查机制三个方面进行了论述。2008年1月11日，最高人民法院以法发〔2008〕6号文件印发《最高人民法院关于开展案件质量评估工作的指导意见（试行）》。该指导意见共27条，从案件质量评估的意义、构建科学的评估体系、提高案件质量评估水平等方面，作出规定和说明。孙涛的《试论案件质量评查机制在实践中的运用》，从案件质量评查机制构建的价值取向、案件质量评查机制运行的现实困惑和建立科学合理的案件质量评查机制三个方面，进行了论述。①

8. 关于案件流程管理

梅锦瑶在《浅谈案件流程管理》一文中认为，当前人民法院正面临着加强自身建设和促进社会主义法治建设、促进社会主义现代化建设的艰巨任务。在法院内部建立科学有效的管理方式，对保证法院出色地完成审判工作任务，全面推动法院的进步与发展具有十分重要的意义。依据最高人民法院制定并发布的《人民法院第二个五年改革纲要（2004—2008）》的要求，结合审判工作实际，实施案件流程管理在建立公正、高效的审判运行机制中，充分保护当事人的合法权益，切实提高审判工作的效率和质量，使审判工作内部的服务、保障、监控等方面均取得显著成效，同时为进一步提高对实施案件流程管理制度的认识，保证案件流程管理工作顺利进行，使案件流程管理工作更加规范有序，该文又从案件流程管理的概念及在司法改革中的地位和作用、案件流程管理改革的必要性、法院案件流程管理的探索和实施案件流程管理的效能四个方面，对案件流程管理进行初步探讨。②

邓永杰的《美国法院案件流程管理机制览略》一文，介绍美国早在20世纪70年代面临着诉讼案件数量庞大、诉讼迟延、当事人诉讼成本过高等问题，美国一些州的法院立即作出反应并建立了一定的应对机制。在20世纪90年代，根据美国国会制定的《民事审判改革法》的要求，各法院必须建立一套提高民事审判效率、降低审判成本的计划，联邦和州法院均采取积极的措施处理这类问题，如建立案件流程管理机制等等，在改进审判效率方面取得了积极的成效。③

---

① 参见中国法院网，http://www.chinacourt.org/public/detail.php?id=189814，2005年12月21日。

② 参见梅锦瑶：《浅谈案件流程管理》，《四川省政法管理干部学院学报》，2005年第4期。

③ 参见上海市第一中级人民法院网，http://www.a-court.gov.cn/platformData/infoplat/pub/no1court_2802/docs/200707/d_489037.html，2007年7月25日。

　　河南省内乡县人民法院李华、冯建晓于2005年6月26日在《人民法院报》发表《建议建立统一的案件流程管理规则》一文，建议从以下三个方面对案件流程管理制度进行必要的规范和完善：①有关部门应尽快制定一部统一、科学、高效、规范、内容完善、操作性强的流程管理规则，作为全国法院系统的执行依据，使流程管理法制化、规范化；②建立和健全流程管理督促和责任机制，强化对案件流程每一个环节的监督与管理，确保对案件的流程管理不流于形式；③大力加强人民法院，特别是基层人民法院的物资装备建设和人力配备，这是解决流程管理问题的根本途径。

　　河南新县人民法院陈朝柱的《关于审判流程管理制度的一般思考与理性构建》一文，认为实行审判活动的流程化管理是人民法院司法改革的一项重要内容，是适应现代公开、公正、高效、民主的法制建设的客观要求，其在确保法院实现公正与效率的主题上发挥着积极重要的作用。但受当前司法改革水平和管理意识的约束，大多数法院的审判流程管理仍处于一个较低的水平，即拘泥于一般性的尚不尽规范和科学的审判流程管理方式和应用模式，司法效益和应用效果不甚明显，在实践中也存在着诸多问题甚至弊端。理想化的审判流程管理模式必须以社会主义法制理念为指导，以公正与效率为目标，将人民法院独立审判的特性与司法为民的宗旨紧密联系，是在此基础上的全面性、系统性和科学性的高度统一，是司法理论和审判实践的完美结合。当前，加强审判流程管理必须适应我国的基本国情，适应改革发展的必然趋势，适应民主法制进步的必然要求，在观念上更新、措施上落实，形成一套完整的、科学的、操作性强的管理体系。

　　浙江工业大学法学院葛治华、邓兴广的《法院审判流程管理模式：反思与进路》一文，认为审判管理的主要内容和表现形式在很大程度上是案件审判流程管理。探讨了增强法院审判管理能力问题，即法院应当把着力点放在提高审判流程管理的能力上。小立案模式在整合司法公正与效率方面更具有比较优势，更能有效发挥为审判工作服务的功能，基本能够代表审判流程管理未来改革发展的方向。审判流程管理总的目标是实现公正与效率，总的原则是要遵循司法活动规律。①

　　重庆市第三中级人民法院李强的《论案件审理流程管理》一文提出，建

---

① 参见葛治华、邓兴广：《法院审判流程管理模式：反思与进路》，《政治与法律》，2006年第4期。

立科学的案件审理流程管理制度是人民法院工作的重要内容。案件审理流程管理与传统的审判管理制度相比,具有自己鲜明的特点,我们应当全面把握其主要内容、运作方式、价值取向、特点意义及应用中出现的问题,不断探索和完善案件审理流程管理的方式和方法。①

四川省成都市中级人民法院唐前宏的《美国案件流程管理概览》一文,从美国流程管理制度的由来和发展出发,介绍了美国流程管理制度的基本内容:一是法院取代当事人控制诉讼进程;二是区别案件管理。同时该文也论述了法院流程管理制度多重意义的四个方面,简要介绍了美国案件流程管理。②

(二)关于法院行政管理

1. 关于法院人事管理

浙江省余姚市人民法院院长孙卫华的《论法院人事管理的理念及相关机制的构建》一文,认为司法体制的理顺、队伍素质的提高都与政治体制改革和司法环境相关联,并不是朝夕之间可以形成的。况且,体制改革并不是万能的,"抽象的大体制经不住与之相悖离的具体小制度的掣肘和抵销"③。根据法院自身的实际健全内部管理机制,抓好管理工作,提高管理效能,优化资源配置,无疑成为从内部缓解矛盾的最可行、最实用、最有效的途径。该文尝试以独立的法院内部人事管理的现状为视角,对法院人事管理的理念及相关机制的构建进行探讨,指出法院内部人事管理主要存在编制管理不科学、管理模式行政化、考核评价制度不合理、教育培训流于形式等问题。此外,当前法院内部人事管理还存在以事务性管理、被动式管理为主,没有提升到战略管理高度;管理职能分散,管理层次过多,管理效能低下,调动不了职员的工作积极性等问题,并提出相应的完善措施。④北京大学的艾佳慧在《法院需要什么样的人事管理》一文中,以人事管理制度的结构分析为切入点,认为人事管理(或者人力资源管理)是现代组织管理中的重要组成部分。法院作为一个组织,为了其有效运作和良性发展,不仅需要选择合适的制度挑选到满意的人才,更需要在人才招聘之后确定后续的相关激励制度,让他

---

① 参见李强:《论案件审理流程管理》,《涪陵师范学院学报》,2002年第3期。
② 参见唐前宏:《美国案件流程管理概览》,《法律适用》,2002年第11期。
③ 贺卫方:《中国司法管理制度的两个问题》,《中国社会科学》,1997年第7期。
④ 参见中国法院网,http://www.chinacourt.org/public/detail.php?id=125945,2004年8月3日。

们能够为了组织目标努力工作，并在必要的时候对其工作行为进行有效监管。

2. 关于法官选任

海口市中级人民法院郭泽高的《法官选任机制研究》一文，从考察、借鉴两大法系中几个典型国家关于法官选任机制方面的法律规定及实际做法入手，并在分析我国现行法官选任机制的基础上，就完善我国法官选任机制提出一些具体的设想和建议，以裨益我国法官职业化建设。①

黄燕的《法官选任制的反思与构想》一文，指出法官选任制是有关选拔和担任法官的基本制度。由于历史和现实的原因，我国长期沿用选拔行政官吏的模式去选任法官，而漠视法官的职业化和专业化。为全面、深入地认识我国的法官选任制度，该文先从我国法官选任制的历史发展出发，考察了我国古代、近代和现代法官选任制的确立和发展，分析了由于历史条件的限制，现行法官选任制存在的遴选标准偏低和不可避免地受人事体制行政化制约的影响等特点。然后从比较法的角度，通过对域外主要是法国和英美国家法官选任制的认识和比较，指出了现行法官选任制改革运作中存在的一些问题。最后，作者在全面分析、论证的基础上，提出了完善我国法官选任制的五个层面的构想，指出了法官选任制的最终目的是要让社会上最优秀的法律人才被选任为法官，其真正的意义并不在于选任和改革本身，而是在于国家的政治文明和司法文明的整体推进，在于司法权威的确立，在于国家法治目标的早日实现。②

上海市南汇区人民法院徐平关于《完善我国法官选任制度的若干思考》一文看到了法院人事管理中司法与行政合一、行政长官兼理司法的弊端。文章指出："新中国成立后，在1951年的《人民法院暂行组织条例》中仍把法院定作为同级政府的组成部分，受同级政府的领导和监管。后来虽然将法院从政府中分离出来，但仍作为地方的一个机关。即便在1995年的《法官法》颁布实施后，法院人事管理仍沿袭以地方为主、条线为辅的管理模式。当然对于法官的管理方法也曾进行过不懈的探索，作了这样或那样的改进，如协管干部等，但仍是计划经济体制下那套旧的模式，没有突破以前的旧框框。应当说，将法院当作政府的一个机关，以解决实际问题为出发点、以追求效率为

---

① 参见天涯法律网，http://www.hicourt.gov.cn/theory/artilce_list.asp?id=1704，2004年1月29日。

② 参见法律图书馆，http://www.law-lib.com/lw/lw_view.asp?no=6367，2005年12月1日。

主要目标的上通下达式的行政运作模式,必然会造成司法的行政化;而将法官等同于一个公务员,不考虑法官职业的特殊性、按公务员管理方式进行法官的选拔培养,必然会影响法官的独立性;最终结果导致在获得有限效率的同时,却使人们对司法的最终期待——维护公正难以实现。作者认为,司法制度改革是法院做好新世纪工作的唯一出路,而建立和完善既适应我国实际、又与世界通行做法相一致的法官选任制度,以迅速提高法官队伍素质,已成为一项刻不容缓的工作。"①

阮世能在《法官逐级选任制度研究》一文中认为,最高人民法院《关于加强法官队伍职业化建设的若干意见》第二十八条规定:"在确定法官员额的前提下,上级人民法院法官职位出现缺额,逐步做到主要从下级人民法院的法官中择优选任"。这一规定为各级人民法院开展法官逐级选任工作指明了方向,具有重要的意义。作者从法官逐级选任制度的价值、选任的程序和改革应注意的问题等方面进行了论述,认为法官逐级选任制度改革作为法官职业化建设的重要环节之一,已成为各级法院面临的改革课题。②

李志明的《中国法官职业化的法官选任研究》一文,认为我国多年来进行司法改革,合格法官的选任是困扰我们的主要问题之一。该文通过将大陆法系与英美法系法官遴选制度进行比较,论述我国法官遴选制度中的困境并提出个人设想,希望对我国的法官职业化中的法官队伍建设带来思考。③

苏州大学法学院张永泉的《论主审法官制与法官选任制》一文,认为主审法官制设置的理由和根据缺少正当性和合法性,主审法官制实质上是法院行政化管理模式的另一种变形。张永泉主张以《法官法》为中心,严格甄选法官,切实淘汰不称职的法官,以提高法官素质,改良法官队伍,确保审判质量。④

3. 关于法官的任职资格

有关这一方面的研究,国内学者的意见不尽一致。北京大学的康均心在其专著《法官改革研究——以一个基层法院的探索视点》一书中认为,我国法官制度的改革首先应该是严格规范法官的任职资格。他借鉴国外经验,提出要提高法官任职资格,具体做法是:正规法学本科生,经国家统一司法考

---

① 法律图书馆,http://www.law-lib.com/lw/lw_view.asp?no=1231&page=3,2002年10月12日。
② 参见阮世能:《法官逐级选任制度研究》,《人民论坛》,2003年第5期。
③ 参见李志明:《中国法官职业化的法官选任研究》,《理论月刊》,2009年第7期。
④ 参见张永泉:《论主审法官制与法官选任制》,《法学评论》,2000年第6期。

试后,从事法律工作满5年;获得法学硕士学位,通过国家司法考试,从事法律工作满3年;获得法学博士学位,通过国家司法考试,从事法律工作满2年,上列人员必须经过特定的考核机制,通过者才可以初任法官。上级法院的法官应从下级法院的法官中选任,作为特例还可以从优秀的大学教授、副教授或有15年从业经历的律师中直接选拔法官。贾和平在其文章《自由与法官职业化建设之法哲学思考——兼论完善法官制度》中同样强调借鉴国外经验,必须严格我国法官任职资格,这些资格具体是指:必须具有优良的道德;必须具有大学本科以上的学历;通过国家统一司法考试;拥有六年以上的司法工作经历;经过两年以上的法官业务培训且考试合格,五个条件具备方可被任命为初级法官。同时他认为上级法院的法官一般应从下级法院任职一定年限的优秀法官中选拔,也可直接从大学法学教授中选拔。担任院长、副院长、庭长、副庭长的相关人员,应当从具有管理经验、组织能力强的优秀法官中选拔。河北大学魏瑶在《法官遴选制度研究》中谈到现行法官选任制度确实存在很多缺陷,国外经验固然可以借鉴,但是找到一条适合我国国情的发展道路则更为重要。她认为完善我国法官选任制度必须经历以下步骤:一是对法官进行培训;二是严格国家统一司法考试的报名条件,只有接受过正规法学教育并达到本科以上学历者才可报考;三是在从事律师业务10年以上者中遴选法官,并逐步建立法官的逐级晋升制度,以促进法官队伍同质化的形成。王明新在《关于塑造中国职业法官群体的几个问题》一文中同样也有这样的论述,即严格任职条件、强调专业知识背景和严格法官任命程序等等。

4. 关于法院财务管理

为加强和规范人民法院财务管理,提高资金使用效率,保障人民法院依法履行审判职能并顺利完成各项工作任务,根据《中华人民共和国预算法》《中共中央办公厅、国务院办公厅关于转发〈财政部关于政法机关不再从事经商活动和实行收支两条线管理后财政经费保障的若干意见〉的通知》和《行政单位财务规则》等法律、法规和国家有关财经政策,2001年11月28日最高人民法院与财政部联合下发了《人民法院财务管理暂行办法》,该办法共九章三十六条,自2002年1月1日起施行。

(三)关于司法行政化倾向

对于中国现行法官选任制度中存在的司法管理、任命的行政化倾向,学者们也提出了各自的观点。司法部的孙建在其文章《法官选任制度的构建》

中重点提出这样的观点：目前在我国法官管理上存在严重的行政化倾向，其根源来自于公务员化的选任和管理制度，他提出建立初任法官直接任命制度，以避免法官选任的行政化倾向。张泽涛在其文章《司法资格考试与我国法官选任制度的改革》中则谈到我国法官选任制度直接的理论基础是列宁的无产阶级专政理论。这一观点直接表明了我国法官选任制度与苏联的法官制度是大体相同的，同时也说明为什么我国法官选任制度与大陆法系以及英美法系国家法官制度相差甚远的原因。孙建在其文章《转化司考成果需改革法官选任制度》中指出我国法官录取面临着尴尬局面：一方面符合《法官法》要求的众多司法考试通过者没有直接的渠道进入法官的行列；另一方面法院还在通过公务员考试录用不符合《法官法》要求的新人。他提出改革法官选任制度的三条建议：一是设立法官选任委员会，负责法官选任考核工作；二是建立公开的法官提名制度；三是建立法官员额制度。也强调设立专门的法官选任委员会，同时他还提出该机构在中央、省级、市级都设立专门的法官选任委员会，负责法官选任的提名和选举机构推荐候选人。以上两位学者的建议都有其各自的合理性，尤其提出设立专门的法官选任委员会更有实践的可行性。

北京工商大学俞亮、张驰在其文章《提高法官素质是增强司法能力的根本途径》中提出了比较有创新的观点：一是适当延长被选任者曾经从事法律实务工作的年限，并且可以尝试从具有丰富法律工作经验的律师中选任法官，从而保证初任法官具有必要的司法经验和人生阅历。二是在全国人大设立专门的法官选任委员会来统一行使各级法官的任命权。其中，最高人民法院和高级人民法院的法官由选举委员会从被提名和被推荐的下一级法院的法官或特别优秀的资深律师、学者中遴选、确定，而地方各中级和基层人民法院的法官则由其所属的高级人民法院提名，并经同级人大批准任命。姚莉对中国法官选任制度有其独到的见解，她在《中国法官制度的现状分析与制度重构》一文中谈及法官选任制度时认为：首先，应该建立更为合理的法官选任制度。其核心包括三个方面：一是选拔和任职分离；二是建立法官任前的培训和见习制度；三是建立法官职能分类制度，将我国法官分为审判法官和初审法官两个类型，前者主要从事审判工作，而后者主要解决一些准备性或程序性问题。这样分类不仅有利于诉讼程序的完善，而且有利于解决目前我国由于法官队伍庞大但是素质不高而对审判工作造成的不利影响。其次，建立法官自律机制来完善法官考评和弹劾制度。青岛行政学院詹素娟在《司法官培训体制的弊端与完善的政策建议》一文中重点谈到我国法官培训体制存在的很多弊端,即法官培训强制性不足、缺乏规范性、培训内容缺乏针对性等。她对此提出的建议是明确培训目的、严格培训内容、建立全国统一的法官培训机制,改善法官培训的教学方法。而王仲云在其文章《法官独立审判问题研究》中对我国法官培训制度提出了更加鲜明而具体的建议,他主张严格法官任职条件,确立遴选制度,当务之急是必须严把法院入口关,提高法院入口的门槛,避免进入法院后,再培训、再进入,又再培训的恶性循环。同时改革完善现有法官培训制度,具体包括:①科学组建法官继续教育机构;②坚持理论教育与业务培训教育相结合的原则;③教育师资问题,坚持以专职教育为辅,以固定聘任一些知名法官、律师、学者作为兼职教师为主的原则;④为保证法学教育的质量,避免法学继续教育的形式化,还必须严格和规范其考核、考试的制度,使其能成为决定法官任命、职务提升的要件。

二、国外相关文献综述

国外的学术界和法院自身对法院管理的重视起始于20世纪30年代。美国将联邦法院的管理权由司法部划归联邦法院系统,并建立了与法院审判职能特点相适应的行政管理组织和制度。虽然国外鲜有学者专门针对中国法院管理进行研究,但一些学者在相关的研究中,论及了法院管理的一些现状和发展趋势。例如,美国学者詹姆斯·R.汤森(James R. Tounsend)和布兰特利·沃马克(Brantly Womack)合著的《中国政治》一书论及了中国法院管理在司法独立方面的进步,书中指出:"司法独立得到了强调,自1979年以来,司法决定权从党的政法书记返回到法官手中"[①]。

国外学者关于法院管理的主要观点集中体现在以下三个方面:

(一)关于法院管理的研究

20世纪80年代之前,美国法院由于管理缺陷导致的司法拖延问题严重,由此美国在80年代至90年代掀起了一场司法管理运动,引发了西方学术界和实务界对法院管理的重视。

---

① [美]汤森等著:《中国政治》,顾速等译,江苏人民出版社,2005年,第177页。

(1)关于司法管理的界定。美国学者格利克对司法管理进行了界定,他认为司法管理主要涉及两个领域,一是法院组织和人事的管理,二是诉讼的运行管理。"法院管理包括若干具体的事项,诸如法院的组织和管辖;法官的选任和任期以及法院中所有其他工作人员的聘用、训练和监督;以及例行文秘事务。诉讼的运行管理通常涉及案件处理的进程和花费以及建立法院运作的统一规则以减少案件处理过程中的混乱和不均衡。"①

(2)关于各国法院管理模式。美国学者道那德·C.达林(Donald C. Dahlin)在《法院管理模式》一书中,运用法学和管理学相结合的方法,针对美国联邦和州法院的管理模式进行了分析,指出美国法院采取的是集权和分权结合的权变管理方式的法院管理模式。

伦斯特洛姆编的《美国法律词典》中指出,美国联邦法院设有行政管理局,该局的管理职责被界定为:"为联邦法院行使基本的管理职能。它还收集和处理联邦法院活动的资料……另外,管理局还是联邦(法院系统)、会议、立法和行政机构之间的联系纽带。管理局代表会议向国会提出预算要求,倡议增加法官席位,提出关于改变法院活动规则及其他对联邦有重大影响和事项的建议"②。此外,在美国联邦法院系统内还专门设有"全美司法会议"(Judicial Conference of the United States)、"巡回司法理事会"(Circuit Judicial Council)和"联邦司法中心"(Federal Judicial Center)。近代以来,美国各法院还都设有一个非司法官员的"法院管理官",专门负责管理法院的一些非司法性事务工作。主要包括制定预算、法院人员招募和法院案件管理。这些机构和人员的设置,实际上承担了类似中国法院的某些行政管理的决策工作和日常工作,③戴维·萨利(David Sari)也在《美国法院管理:理论和实践》一书中,运用各种管理理论对美国法院的管理模式进行了深入探讨。加拿大学者伯瑞·S.米拉(Perry S.Millar)和卡尔·巴尔(Carl Barr)在《加拿大司法管理》一书中,指出加拿大和美国基于政治体制宪法基础和历史文化的差异,导致了法院管理模式的不同,并具体将法院管理模式划分为行政控制法院管理模

① Henry R. Glick, *Courts, Politics, and Justice*, McGraw-Hill Book Company, 1983, pp.48-49.

② [美]彼得·G.伦斯特洛姆编:《美国法律词典》,贺卫方等译,中国政法大学出版社,1998年,第45~47页。

③ 参见[美]彼得·G.伦斯特洛姆编:《美国法律词典》,贺卫方等译,中国政法大学出版社,1998年,第45~47页。

式、传统管理模式和法院自治管理模式三种基本类型。加拿大法官杰拉尔德·米切尔（Gerard Mitchell）在《加拿大司法委员会关于法院管理可替代模式的计划》中，以加拿大法院为考察对象，以法院管理决策和运行权利归属为分类常量，根据外部和内部管理结构的关系，将法院管理模式划分为行政模式、独立委员会模式、合作模式、行政监护模式、有限自治模式、有限自治和委员会结合的模式以及司法模式七种类型，并指出法院完整的管理过程是一个外部资源获取和内部资源配置的问题。澳大利亚的法官迈切尔·佛德（Michael Ford）和澳大利亚司法管理学院的汤姆斯·W.和萨尔曼（Thomas W. and Sallmann）在《何种法院治理将优化司法》一文中，对澳大利亚联邦和州的法院进行了深入研究，并将其划分为维多利亚州的传统管理模式、南澳的多个行政部门模式以及联邦法院系统、家庭法院和行政上诉法院的法院自治管理模式三种类型。荷兰特尔堡大学立法研究中心的威姆·沃尔曼斯博士（Dr. Wim Voermans）在欧盟各国司法委员会（Council for the Judiciary EU Countries）研究报告中指出，欧洲原来一直依赖行政部门对法院和法官进行行政管理和司法预算管理的国家，正在陆续改由司法委员会承担这些职责，并逐渐形成南欧和北欧两种司法委员会模式，在尚未设立司法委员会的欧盟国家，通常由司法部长（或政府）行使对司法机关进行管理的公共职责，并向议会负责。

（3）关于审判委员会对案件的决定与实际审理过程的脱节问题。美国著名法官、联邦司法制度官僚化的坚定抵制者利恩德·汉德（Learned Hand）法官曾经不断地批评那种"满席听审"（en banc hearing）的实践，他对于用全院六位法官的宝贵时间审议合议庭判决的做法颇不以为然。[1]

（二）关于司法独立的研究

司法独立原则是一项重要的国际司法原则，司法权的行使较多地强调法院特别是法官的"自主性"是审判工作内在规律决定的，是保证司法公正所必需的。马克思指出："法官除了法律就没有别的上司。"[2]目前，司法独立原则已被多个国际条约和文件明确载入，成为公认的国际司法原则。《世界人权宣言》第十条明确规定："人人完全平等地有权由一个独立而无偏倚的法庭进行公正的和公开的审讯，以确定他的权利和义务并判定对他的任何

---

① Gerald Gunther and Learned Hand, *Man and the Judge*, Harvard University Press, 1995, pp.515–517.

② 《马克思恩格斯全集》（第1卷），人民出版社，1956年，第76页。

刑事指控。"《公民权利和政治权利国际公约》中第十四条第一项也规定："在判定时对任何人提出的任何刑事指控或确定他在一件诉讼案中的权利和义务时,人人有资格由依法设立的合格的、独立的和无偏倚的法庭进行公正的和公开的审讯。"《司法独立世界宣言》则规定："在作出裁决的过程中,法官应对其司法界的同行和上级保持独立。司法系统的任何等级组织,以及等级和级别方面的任何差异,都不应影响法官自由地宣布其判决的权力。"

西方学者普遍强调,独立性,即专门独立的司法机构的存在,是司法权实现其功能和价值的前提条件。孟德斯鸠很早就系统阐述了司法独立的理论与原则,他指出:"如果司法权不同立法权和行政权分立,自由也就不存在了"[1]。布莱克也指出,司法权本质上是指司法机关"享有的,对当事人提请其解决涉及当事人人身权益与财产权益的纠纷作出判断,对法律进行释义并宣告法律是什么的终局性权力。这种权力被赋予法官,以区别于立法权和行政权"。

此外,西方学者纷纷提倡司法机关整体及个人均应免受外部因素的制约和影响。对于法院整体而言,亚历山大·汉密尔顿(Alexander Hamilton)指出:"对某人生活的控制权就等于对其意志有控制权"[2]。他认为,司法权是三权中最弱的一个,与其他两者不能相比。因此,只有通过实行司法人员终身任期制,才能有效增强其独立性。[3]美国学者范德比尔特也指出:"如果他们尊重法院的工作,这种尊重可以克服其他政府部门的缺陷,如果他们失去这种尊重,则会对社会构成极大的伤害。"[4]对于法官个人来说,一方面,"在审判中,要能超脱一切爱、恶、惧、怒同情等感情"[5];另一方面,要能实现"除了法律就没有别的上司"。麦肯(Ralph L. Mecham)更是明确提出:"如果不实行

① [法]孟德斯鸠著:《论法的精神》(上),张雁深译,商务印书馆,1961年,第156页。
② [美]汉密尔顿等著:《联邦党人文集》,程逢如、在汉、舒逊译,商务印书馆,1980年,第264页。
③ 参见[美]汉密尔顿等著:《联邦党人文集》,程逢如、在汉、舒逊译,商务印书馆,1980年,第390~400页。
④ Arthur T. Vanderbilt, *The Challenge of Law Reform*, Princeton University Press,1955,pp.4–5.转引自汪习根主编:《司法权论——当代中国司法权运行的目标模式、方法与技巧》,武汉大学出版社,2006年,第16页。
⑤ [英]霍布斯著:《利维坦》,黎思复、黎廷弼译,商务印书馆,1986年,第220页。

法官终身制和最低工资制,就不可能实现司法独立。"[1]

(三)关于法院管理行政化的研究

法院内部管理司法权的行使较多强调决策的"自主性",而行政权的行使则突出强调决策的"指令性",德国学者曾将二者的差异形象概括为:"如果一个公务员故意不执行上司要求,他以特定方式处理某一事务的指示,通常这就构成了失职。而对法官来说情况恰好相反:如果法官按照院长的指示去判案的话,这种行为就构成了失职"[2]。在英国,法院管理体制是从行政与司法机制(the executive and the machinery of justice)相互关系的角度进行研究的,因为法院系统管理是英国社会整个结构的一个组成部分,它是不能完全与行政分离的。[3]英国学者形象地将大法官职位比作一座联系司法界与政界的桥梁。英国管理法院系统的职责目前主要是由大法官事务部及内政部行使的。[4]对上诉法院、高等法院、皇家法院以及郡法院提供行政支持的,是作为大法官事务部的执行机构的法院服务局(the Court Service)的职责[5],它是一个独立的政府机构。而地方性质的治安法院,则是由本地的治安法院委员会负责管理,除此之外,还有一个皇家治安法院服务局(HM Magistrates' Courts Service Inspectorate),该局的局长要向大法官报告有关治安法院的经营管理情况,但不包括治安法院的裁判工作情况。[6]

---

① Ralph L. Mecham, *Introduction to Mercer Law Review Symposium Federal Judicial Independence*, 46 Mercer, L.Rev. 1995, pp.637–638.

② [德]傅德:《德国的司法职业和司法独立》,宋冰编:《程序正义与现代化》,中国政法大学出版社,1998年,第19页。

③④ See A. W. Bradley and K. D. Ewing, *Constitutional and Administrative Law*, Longman(an imprint of Pearson Education)2003, 13edn, p.388.

⑤ Ibid., p.389.

⑥ See Penny Darby shire, *Eddy & Darby shire on the English Legal System*, *Sweet & Maxwell* 7th edition, October 001.

第四节　研究思路与研究方法

一、研究内容与研究思路

本书将沿着一条主线进行研究,即将法院作为一个相对独立的体系,重点研究法院的组织和管理。因此,本书主要涉及两方面内容:一是法院审判管理,即法院为确保自身司法审判职能的实现而针对审判业务进行的管理活动;二是法院行政管理,即法院针对自身运行所必需的一系列内部行政事务进行的管理活动。司法审判职能是人民法院的基本职责,因此,审判管理构成了法院管理的主要组成部分。但现实中,法院的运行又不可避免地会涉及相应的队伍建设与管理、财务管理和其他一些必要的行政事务管理,因此,行政管理也是法院管理不可或缺的组成部分。高效率的法院行政管理能实现对审判管理的支持和促进,但现实中,行政管理也可能会构成对法院审判活动的不合理干预,影响法院的司法独立或审判独立。

本书的基本研究思路是: 在区分法院审判管理职能与法院行政管理职能的基础上,构建科学合理的法院二维管理制度体系,即审判管理制度与行政管理制度。其基本目标包括:其一,完善审判管理制度,确保审判职能得到实现,其核心任务是通过独立审判等实现公正;其二,完善行政管理制度,使法院系统得以高效运行。通过健全法院二维管理制度体系,促进审判管理与行政管理的良性互动, 以有效提高法院审判工作的公正性和保持法院行政管理的高效率。这里,完善审判管理的基本途径是去行政化,其关键不在于取消法院系统的行政级别和行政管理。而是在法院审判管理中,不去用行政的手段干涉司法审判的基本业务问题。而完善行政管理需要解决的基本问题有二:其一,针对法官队伍的管理,不能以独立审判原则,规避应有的行政管理;其二,完善行政管理制度建设,推进法院行政管理由人治走向法治。

就法院系统的体制来看, 在西方国家由于历史传统和国家结构方式的差异, 司法机关在组织和结构上存在着明显的不同。在单一制结构形式的国家,如法国、日本等国都有一个全国统一的审判系统;而联邦制国家,则有比较复杂的法院组织系统,如美国的法院有两个显著的特点:第一,它有两套并行的法院系统,即联邦法院系统和各州的法院系统,前者根据联邦宪法和国会法律设立,后者则由各州设立,二者各有其管辖权,在组织上没有隶属关系;第二,美国的法院(联邦的和州的)都有司法审查权。根据不同的审判级别,西方国家大都实行三级制,即法院系统一般由基层法院(或称"初审法院")、上诉法院和最高法院(或称"终审法院")组成,只有少数国家,如英国实行四级制。

在中国,法院体制实行单一制,上下级法院从制度上讲不存在隶属和领导与被领导关系,而是业务指导和监督关系,但现实中有超过业务指导的业务指令或指示现象存在,同时,法院还会受到同级党委、人大和政府的领导或管理。为确保司法机关,尤其是地方司法机关的独立性,有学者提出实行垂直领导体制,即下级司法机关只对法律和上级司法机关负责,最高人民法院只对全国人大负责。从中央到地方建立一条垂直的领导体制,有利于统一司法,厉行法治,避免司法地方化,确保司法机关真正成为国家的司法机关而不是地方的司法机关。此外,在司法实践中确保法院上下级之间在审判工作上的监督体制,防止其演变成领导关系。目前,法院系统内部流行着"上定下审"的做法,上级法院习惯用行政领导的方式干预下级法院的审判工作。下级法院审理案件时,总是先向上级法院请示、汇报案件(实践中叫作"内审案件")的审理情况和判决意见。这种做法破坏了两审终审制,使之成为事实上的一审终审。合理的情况应当是,上级法院只有发现下级法院审判案件有错误时,或者在提起二审程序时,才能通过正当的法律程序实行监督,而不得以行政手段越权干预。本书将深入研究目前中国法院体制运行的问题与偏差,并提出应对的对策。

法院行政管理与一般的公共管理行为一样,都是主要着眼并追求效率。但是,一般公共管理追求自身效率的目的是推进社会的整体效率;而法院的行政管理在追求效率的同时,又必须保障法院审判的公正性。如前所述,法院管理要从单一的行政化管理转变到符合司法审判工作特点和规律的审判管理和行政管理二维制度模式上来,推进法院管理的机制创新,进一步加强审判工作宏观指导机制、审判流程管理机制、审判质量管理机制、执行工作管理机制等;同时,积极推进法院队伍管理机制、财务管理机制、综合协调和后勤保障机制等的建设,进一步提高法院行政管理水平。这是本书研究的关键点之一。

法院审判管理的核心内容是审判流程管理。审判流程就是案件从法院立案至案件审结归档这一完整的过程。研究审判流程的目的是探索建立具有中国特色的审判管理体系,更好地保障司法公正、效率和效益三大价值目标的实现,更加深化人民法院的改革和建设。实行各类案件审判流程管理的基本内容包括四个方面:第一,统一立案。统一立案就是各类起诉案件都由立案庭统一审查、统一管理,最后确定是否立案。只有统一立案,才能加强立案、排期开庭、审理分立、审限跟踪的管理体系。第二,排期开庭。案件由立案庭确定立案后,及时转到排期法官确定开庭日期,并由书记员进行送达。依照案件的先后程序进行合理排期,是确保案件分配公正性的关键一环。第三,审限跟踪。建立完善的审限跟踪制度,才能有效确保审判工作始终保持规范、高效、有序地运行。在这一环节,立案庭作为审判流程的管理、指挥、监督中心,应承担的职责包括三个方面:一是控制案件的全部过程,跟踪案件的进展,监督案件的审限,确保案件在审限内结案;二是控制和监督案件审理程序的合法性、法官审理案件是否体现了双方诉讼地位的平等及审判案件的透明度;三是控制和监督案件结案与执行审限情况。第四,立卷归档。这是审判流程的最后一道工序。立案庭应将几个部门修改后的卷宗材料装订成册,及时、统一归档,防止丢失。目前,在一些地方法院的工作中,仍存在立审不分、久查不立、久立不审、久审不决、庭审质量不高等问题,所以应加对案件审理进度的监督和管理,避免积案和超审限案件的发生。

法院是社会正义的最后一道防线,法官是这道防线的守门员。在这种思想的影响下,西方各国对法官的任职资格要求都比较严格,法官队伍的职业水准也会相对高于检察官、律师等其他司法人员。近年来,最高人民法院和地方各级人民法院为提高法官的整体素质,出台一些具体的措施和办法,取得明显的效果。如2002年以来,最高人民法院明确提出了一系列"法官队伍职业化建设"的举措,将法院队伍建设推进到一个新阶段。通过这些措施的贯彻和落实,使法官与一般公务员真正区别开来。

这些措施主要包括:法官的职业准入的门槛更加严格、培养法官的职业道德、提高法官的职业技能、树立法官的职业形象、强化法官的职业意识、加强法官的职业保障、完善法官的职业监督。近年来,国家为了统一司法人员任职资格,建立了全国统一的司法考试制度,为贯彻《法官法》建立了法官考评委员会,实行了法官等级制度,建立了违法审判责任追究制度和法官回避制度,制定了《法官职业道德基本准则》,完善了法官培训体制,为保证审判职能的实现提供了良好的人才基础。我国《法官法》第五十条规定:"最高人民法院根据审判工作需要,会同有关部门制定各级人民法院的法官在人员编制内员额比例的办法。"根据这一规定,最高人民法院在2002年7月18日发布的《关于加强法官队伍职业化建设的若干意见》中明确提出了"实行法官定额制度"。我国建立法官定额制度是法官职业化和精英化的必然要求;是促进法官职业保障,增强法官职位的吸引力的需要。

从历史发展的角度看,在多数历史时期,一个地方的行政长官既理政又身兼司法审判的职能,司法与行政合一,是中国司法制度一直存在的一个顽疾。即使在新中国成立后,在1951年颁布的《中华人民共和国人民法院暂行组织条例》中仍把法院定为同级政府的组成部分,受同级政府的领导和监管。后来虽然将法院从政府中分离出来,但仍作为地方的一个机关。

改革开放后,《中华人民共和国人民法院组织法》赋予了地方各级人民法院很大的独立性和审判的裁量权,规定地方各级人民法院"根据需要可以设其他审判庭",各地都纷纷设立起了审判庭,但由于受到地方行政的约束,审判业务人员自身"独立程度"问题并未得到根本解决。即便在1995年的《法官法》颁布实施后,这一现象也没有得到根本改善。法院人事管理仍沿袭以地方为主、法院为辅的管理模式,尤其对院长和庭长的管理。当然,各地对于法官的管理方式也曾进行过有益的探索,如协管干部等,但仍是计划经济体制下那套旧的模式,没能突破以前的旧模式的制约。司法行政化形成的原因有历史传统的因素,而更多的因素是将一般政府机关的行政管理制度直接应用于法院管理中所造成的,从而将法官等同于公务员看待,不考虑法官职业的特殊性,按公务员选拔培养的方式来选拔培养法官,法官的独立性肯定会受到影响,最终会影响到司法公正的实现。因此,建立和完善既符合中国国情、又与世界通行做法相接轨的法官选任制度,已成为法官管理模式改革的重要任务。

围绕上述要点,本书的研究将按照以下思路展开:

第一章是导论部分,阐述选题的理论意义和现实意义,基本概念界定、相关文献综述、研究方法、创新点和研究难点等。

第二章主要探讨法院管理的基本理论和运行机理,主要包括法院管理与行政管理的理论辨析、法院管理的基础理论、法院管理的运行机理分析等基本内容。

第三章研究中国法院管理的历史发展及其问题,分别从中国法院管理的历史演进、我国现行审级制度的沿革和当代中国法院管理存在的问题这三个方面展开论述。在历史回溯的基础上,对法院审判管理和法院行政管理中存在的主要问题进行剖析。

第四章将中国法院管理与外国法院管理进行比较,选择英美模式、德日模式以及法国模式等,就法院内部管理进行广泛的比较。通过比较,相互鉴别,发现对完善中国法院管理可以借鉴的经验和做法。

第五章是国内法院管理改革的实证分析。在法院审判管理案例方面,选择了外部视角下的独立审判缺失和内部视角下的直接审判缺失两个论证角度;在法院行政管理案例方面,选择了法官逐级选任与遴选制度完善、法院文化建设与法院管理目标实现两个论证角度。

第六章提出了完善中国法院管理的对策思考,主要包括司法改革的目标导向和基本原则、法院审判管理的改革设想和法院行政管理的改革设想三个方面内容。

第七章结论部分主要是对研究工作进行了总结,并提出了后续研究思考。

本书研究的技术路线参见图1-1:

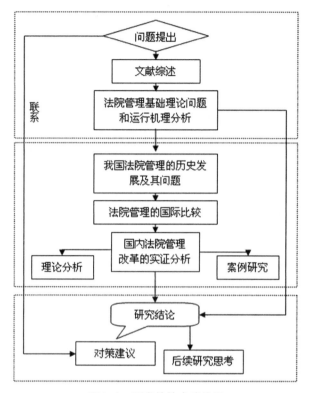

图1-1 研究的技术路线图

二、研究方法

（一）文献研究法

即通过查阅文献资料了解、证明所要研究对象的方法。运用该方法需要收集、鉴别、整理相关文献，并通过对文献的研究形成对事实的科学认识。文献资料法具体包括文献资料的查阅、文献资料的积累和文献资料的整理分析，它是思想研究领域采用得最多的研究方法之一。

（二）理论分析与实证分析相结合方法

理论分析方法是在充分占有材料的基础上，运用归纳和演绎、分析和综合等思维方式，研究特定问题并推导出相关结论的方法；而实证分析方法则是从现实情况出发，探讨客观存在的对象，从而从中发现问题，进而探讨解决问题的方法。社会科学研究应当将二者密切结合，不得偏废。理论方法若无实证为基础,则内容难免空泛;而实证方法若无理论方法为指南,则可能陷入材料堆积而无法从具体到抽象、从偶然到必然、从现象到本质。

(三)逻辑方法与历史方法相统一方法

逻辑方法是指通过理性思维掌握对象发展规律的方法,它是通过一系列概念、范畴之间依次发生的相互联系和逻辑运动,来揭示事物的本质和规律;历史方法是从对象的具体历史发展方面描述和分析事物发展过程的方法,主要体现为历史考察方法。逻辑方法和历史方法既有区别又辩证统一,二者互为前提,相互渗透。在思维中要将二者结合起来,脱离历史方法,逻辑方法就失去了它的客观内容;脱离了逻辑方法,历史方法只给人提供一系列现象和事物的堆积,不能提供任何规律性的知识。

(四)比较方法

比较分析是社会科学研究的基本方法,它是寻找真理的途径之一。比较的目的是鉴别差异、分析优劣、有所借鉴,为我所用。目前,中国正在致力于司法制度的改革,尤其应当注意比较借鉴外国合理有效的法院管理模式,为积极推进司法制度改革,改善法院管理,提高法院管理效率,最终保障司法独立与公正探索新的思路和路径。

第五节　理论创新与研究难点

一、理论创新

(一)提出法院是一个二元异合结构的组织体

从整体来说,法院内部同时存在着性质迥异的两种管理,即法院审判管理和法院行政管理。从法院工作实际运行来看,法院管理是一个审判权力与行政权力二元权力交织的动态过程。法院行政管理的着眼点在于法院的主业——审判服务,使法院系统得以高效运转,其基本管理目标在于整合法院内部资源,在价值追求上更突出效率。在法院内部,因二元异合结构的存在,有时会导致管理上的矛盾和冲突。本书研究的目的就是要解决好两者的关系,实现法院的工作主题——公正与效率。

(二)提出中国法院管理应构建科学合理的二维管理制度体系

它是由法院审判管理和法院行政管理的不同性质和要求的二元异合结构性质所决定的。构建起两种性质管理相互依存、相互作用的二维制度体系,实现法院审判管理与行政管理的良性互动,有利于进一步提高法院审判工作的公正性和法院行政管理的高效率。构建法院二维管理制度体系的核心要义是,将现有的法院管理活动进行合理的规范和区分,对目前审判管理活动中混杂的行政管理性质的行为进行必要的分离。同时,在法院二维管理制度体系下,两种性质管理之间的界限存在交叉的环节,即二维并不是绝对分立的体系。但这并不等于说不需要对法院内部两种性质的管理进行区分。法院审判管理和行政管理界限的模糊性,实际上正是目前法院管理中存在诸多问题的制度根源,也正是从理论上对两种性质管理进行区分和深入研究的意义所在。

(三)提出具有创新性质和探索意义的法院管理改革方案

1. 提出推进法院管理的去行政化

本书提出的法院审判管理去行政化并非意指取消法院系统的行政级别和行政管理,而是要实现在法院审判管理中不用行政的手段去决定、干扰审判业务活动。为实现司法独立和司法公正与效率,现有的司法体制中存在的行政化问题和倾向,已经成为实现这一目标的制度障碍和观念障碍。因此,在当前进行的司法体制改革中应当吸取西方法治社会的成功经验,并结合中国的实际国情,以推进司法体制的去行政化为核心,改革和完善现行司法体制,为人类追求司法公平、公正的最终目标扫清障碍。本书剖析了中国司法体制行政化的历史原因和现实原因,针对司法体制行政化衍生出来的诸如办案过程中的请示汇报制度和法官行政级别制度等,提出了推进法院管理的去行政化的主张,从而可以为推进司法体制改革提供一个可行的操作化建议。

2. 提出了建立专业审判委员会的改革方案

基于现行审判委员会制度导致直接审判缺失的司法现实,笔者根据多年的审判工作经验,剖析了现行审判委员会制度的主要弊端:不仅违背了直接审判原则,而且也违背了审判回避原则和审判公开原则。在此基础上提出建立专业审判委员会的主张,并尝试提出了建立专业审判委员会的系统解决方案,其主要内容包括两方面:其一,实行专业审判委员会委员的直接庭审;其二,确保双方当事人知情权和有权申请回避。法院以口头或书面形式告知双方当事人专业审判委员会的成员名单,由双方当事人判断是否申请回避,并同时提供申请回避的理由。专业审判委员会可以分为民事类和刑事类,规模上可以由7~9人组成。

3. 提出完善法官遴选的多元把关机制

建立科学严格的法官遴选制度将是法官职业化建设的基础和关键。当前完善法官遴选制度的首要任务是切实建立法官遴选的多元把关机制。构建这一机制的主要内容有二:其一,切实建立三方参与的审查机制,即在遴选程序上,从基层公开遴选法官,不仅要由高级人民法院直接进行审核与评估,还应由该法官所在的基层单位其他法官和所在地区的社会民众参与审核与评估。也就是说,建立由高级人民法院、基层单位其他法官和社会民众三方共同参与的审查机制。多元审查的环节可置于公示后进行。其二,应在录用后增加六个月的试用期。试用期的设置,不仅有助于更加全面地考察从基层公开遴选法官的实际业务能力和职业道德水平,也有利于激励新遴选的法官努力提高自身业务能力。

二、研究难点

本书还存在一些研究难点,尚需进一步完善。这主要体现在以下两个方面:

其一,掌握的资料尚待补足。这方面的不足,有主、客观两方面原因。主观上,限于研究时间、研究经历、研究经费等的制约,在资料储备和资料处理上仍有所欠缺;客观上,主要是由于目前专门研究法院管理问题的学术资料较少,写作时可以借鉴和利用的学术成果有限。

其二,研究尚待进一步深入。本书将研究重点放在法院的审判管理和行政管理两个方面,形成了较为系统的研究框架。但是由于法院管理工作在实际运行中的多样性和不确定性,本书难以在论证中全面观察和分析在微观层面的各种问题,而只能从总体上对法院管理的实际运行机制和存在的问题进行解析,并提出对策建议。对法院管理在微观层面的存在问题的研究,将是笔者今后继续努力的一个研究方向。

第二章　法院管理的基本理论和运行机理分析

第一节　法院管理与行政管理的理论辨析

一、法院管理的本质和基本特征

(一)法院管理的本质

从本质上说，法院管理就是为确保法院更好地履行审判职能而提供的一系列服务和管理活动。因此，从法院内部管理的视角看，法院行政管理归根到底是为法院审判管理服务的。

如果说管理的内涵解决的是"管理是做什么的"这一问题的话，那么管理的本质则是解决"管理究竟是什么"，也就是管理存在的目的和意义的问题。虽然，法院管理与企业管理、行政管理是平行的一类专门管理，但法院管理必然因其特有的管理客体而具有其自身的特点。新中国成立以来，法院尚未真正建立一套适应法院工作性质、地位和特点的管理体制，更多的情况下，是借用行政管理制度来管理法院的司法审判事务。

笔者认为，法院的管理不能离开法院的工作特点、宗旨和目标。法院是国家的审判机关，通过审理各类案件、惩罚犯罪和调处各类纠纷，化解各种社会矛盾，维护政权的稳定和社会和谐发展。法院系统机构的设置、审判权运行的管理、法官诉讼活动的开展等事项，都要符合"公正与效率"这一法院工作的主题，这也正是司法的目标，而司法的目标就是法院管理的目标。这是一个宏观、功能性的目标，是从整体而言无法进行量化的一种状态、一种社会评价、一种普通民众的期待。企业管理追求的最终目标是实现利润的最大化，即利润是考核绩效的一般性指标，必须量化，这是由企业作为营利性组织的特性而决定的。这也正是法院管理与其他管理最明显的区别之处。

法院的司法功能是通过审判业务活动实现的，因此审判管理是法院管理的核心内容，其最根本的目标是在独立性的基础上保证审判的公正性；而法院的行政管理本质上是一种普通的行政管理，主要是对人和事的管理。"高效"是处理行政事务所追求的目标，它的管理方式是一种上下垂直的领导，强调服从指令和服务，正好与法院审判管理强调的独立性原则截然相反。保持独立是法官职业特性的内在要求，而这与行政管理所遵循的原则和运行方式产生了管理理念上的冲突。审判管理并不是针对法官自身进行管理，也不是对司法行为的做出进行控制，而是通过管理为司法独立、优化司法行为创造良好的环境条件，使拥有司法决策权的法官能独立地依法行使审判权。

(二)法院管理的基本特征

1. 二元异合结构

从整体来说，法院管理是一个二元异合结构的管理体系。法院内部同时存在着性质迥异的两种管理，即法院审判管理和法院行政管理。从法院实际运行来看，法院管理是一个审判权力与行政权力二元权力交织的动态过程。一方面，法院作为审判机关，依据宪法和法律的规定，对犯罪、权益纠纷等作出权威性的裁决。法院审判管理的着眼点在于通过对审判流程、案件质量、审判效率等的有效管理，确保法院更好地实现其司法审判职能，其核心目标是通过独立审判等维护社会秩序，根本的价值追求是维护社会公正。另一方面，法院的实际运行又不可避免地会涉及相应的队伍建设与管理、财务管理以及其他一些必要的行政事务管理。因此，行政管理也是法院管理不可或缺的组成部分。法院行政管理的着眼点在于为法院的审判服务，使法院系统得以高效运转，其基本管理目标在于整合法院内部资源，在价值追求上更突出效率。

在法院内部，因二元异合结构的存在，有时会导致管理上的矛盾和冲突。一方面，法官依法行使司法审判职能，他们是审判业务的管理主体；另一方面，他们又是法院行政管理的客体。来自行政的指令和控制有时会对法官从事正常的司法审判业务活动产生干扰和影响，即法院行政管理可能会侵犯法院审判管理的正常运作。法院行政管理是法院正常运行所必需的管理要素，是服务于法院审判职能的，但如果缺乏合理的限制，法院行政管理极易与审判管理混为一体,导致法院管理目标的模糊和不确定性,这一点突出体现在审判管理的行政化色彩浓厚上。现行审判业务部门的管理模式秉承了行政机关管理的传统理念,管理工作高度行政化,法院审判业务部门实行庭长、法官和其他工作人员三级纵向管理,明显具有传统行政化管理的特征。庭长作为业务庭首长,对行政事务、审判业务、辅助事务等庭内各项事务和人员均有管理权,负责审判业务的法官不仅在日常事务性管理中要服从上司,而且在案件的审理中也会受到上司的制约。

2. "公正优先,兼顾效率"的价值目标

司法审判职能是法院的基本职责,相应地,实现社会公正也成为法院管理的基本价值取向和追求的根本目标;现实中的法院运行又不可避免地会需要一系列行政事务管理的支持,必要的行政管理是法院管理不可或缺的组成部分,保证一定的司法效率也构成了法院管理的另一重要价值目标。因此,当代法院管理的价值目标应定位于"公正优先,兼顾效率"。

公正与效率是一对既相互关联又相互矛盾的法律价值范畴。公正是司法的最终目标,效率是实现公正的必要手段,效率服从于公正。在法院实际运行中,司法审判是法院依据法律惩罚犯罪、裁决纠纷的司法活动,客观上要求法院严格、准确地适用相关法律,对案件作出公正的裁决,确保每个当事人都能合理地分享司法资源。这里,司法公正包括两方面含义:其一,实体公正,法院的裁决结果应确保双方当事人在权利和利益上得到公正的对待;其二,程序公正,即法院管理行为必须要维护程序上的平等原则,严格遵循和依照法定程序,确保裁决的过程和分配方式是公正的,从而确保双方当事人的权利和利益得以平等地实现。

效率是实现公正的必要手段。法院为了更好地履行其司法审判职能,客观上要求法院审判业务活动在保证公正的前提下,必须同时保持较高的运行效率,即确保法院系统成为一个高效运行的组织,并且,司法效率本身也是司法公正的内在要求之一。在一些情况下,由于权益纠纷不能及时得到解决,导致当事人的权利长时间处于未被维护的不确定状态,实际造成了社会公正的缺失。

在现实法院运行中,司法公正与司法效率有时也存在着冲突。例如,每年年终为了提高结案率,一些地方法院会进行"突击结案",虽然实现了较高的司法效率,但却极易出现裁决失当的现象,最终导致司法公正遭到破坏。

正是从这一层面看,法院管理的价值目标应界定为"公正优先,兼顾效率"。

3. 独立性的内在需求

法院实现司法审判职能,客观上要求法院及法官必须能独立地运行和从事审判业务活动。法院管理为了确保法院组织目标的实现,也必然需要将保持独立性作为其基本前提。法院管理对于独立性的内在需求体现在两个层面:其一,从法院与其他国家机关的外部关系视角看,法院管理应确保实现法院的独立审判,即法院可以免受其他国家机关、社会团体和个人的干涉,依法独立行使审判权;其二,从法院内部的视角看,案件的主审法官可以不受其他法官,特别是其上级法官或行政长官的干涉,独立进行审判,独立做出裁决。

在外部视角下,法院管理的目标应是实现法院作为一个整体性组织的独立性。法院应独立于行政机关、新闻传媒、大众舆论及其他的社会团体和个人。当前,中国地方法院在履行司法审判职能的过程中,由于其在人、财、物等资源上极大地受制于同级地方党委和政府,因而出现了"司法权地方化"等现象,使地方法院丧失了作为国家审判机关应有的独立性。这种情况不仅制约了法院司法职能的实现,也为法院管理设置了障碍。

在内部视角下,法院管理的目标则是实现法官在审判业务中的独立性。在现实法院运行中,这一管理目标的实现需要人事任免与薪酬等方面的配套制度予以保障。在面对可被随意更换、免职和调离,以及未有充分保障的薪酬条件下,真正的法官独立审理案件是很难实现的。

4. 一岗双责的管理角色

在法院内部管理上,所有具有行政职务的法官,包括院长、副院长和各业务庭(室)的庭长(主任),均属于一岗双责的管理角色。他们既负责所任业务部门的行政事务性管理,同时也负责审判业务方面的案件管理。这直接导致了在法院内部法官与司法行政人员之间缺乏明显的界限。法院行政管理部门拥有法官职称的人可能会被调到业务部门,审判业务庭的法官也可能被调到司法行政部门,但其审判职称依然保留。近年来,这种状况虽然有所改变,但未能根本改观。这也是当前我国法院管理工作的一大显著特点。

一岗双责的管理角色也体现在审判委员会的设置上。在我国法院内设置的审判委员会是法院内部最高司法决策机构。从《中华人民共和国人民法院组织法》的规定来看,审判委员会属审判组织。但在法院管理实践中,审判委员会实际上是一个全面的管理机构(虽人事、财务、党务等行政性事务由院党组会审议决定,但党组成员与审判委员会委员在人员构成上几乎一致),它既是宏观司法决策主体,也是个案司法决策主体。从审判委员会委员的组成来看,他们都是由院长、副院长、各业务庭(室)的庭长(主任)和其他行政部门的主要负责人,如政治部主任、纪检书记等人组成。他们参与法院行政事务的决策,从而出现司法决策主体与司法行政决策主体同一化的现象。

二、行政管理的本质和基本特征

无论是国家权力对社会事务的管理,还是一般企业、事业单位的行政事务管理工作,其本质均共同体现出对实现效率的追求。现代行政管理的基本发展趋势是,通过应用系统工程的思想和方法,对组织现有的机构设置和运行机制进行改革,以实现减少人力、物力、财力和时间等的支出与浪费,从而实现提高组织整体的行政管理的效率。

行政管理的基本特征主要体现在以下四个方面:

(一)系统化构成

任何组织的行政管理,均是由诸多相互独立又相互作用的各要素或子系统所构成,它们均承担着组织的某项管理功能。一个高效的行政管理系统,需要合理设置其管理机构,并配备适当的管理人员,同时制定科学的程序和方法,采用系统工程的思想和方法来组织各项行政活动,切实建立起由计划、组织、指挥、控制、协调等管理部门协调运行的有机系统。

(二)效率优先原则

行政管理的基本路径就是,应用科学的方法进行管理,建立合理的组织工作制度,提高组织的工作效率。在组织实际运行中,行政管理要始终追求管理的效能和效率,应通过计划、组织、指挥、控制、协调、监督等方式,高效地实现预定的管理任务,并达到应有的社会效果。具体而言,行政效率是通过公共组织和行政工作人员从事公共行政管理工作所投入的各种资源与所取得的成果和效益之间的比例关系反映出来的。造成行政管理低效率的两个最主要的原因是:其一,趋向于一个与既定行政管理目标相反的方向,比如,在背离组织目标的情况下,就无所谓效率而言;其二,在实现既定目标的过程中,缺乏成本最小化的制度建设。如果一个组织的行政管理效率过于低下,那么其管理目标必然无法有效实现。

（三）追求决策科学化

具体的行政管理活动均是在特定的行政决策的基础上进行的。对于一个组织而言,其在行政管理中会实际遇到各种各样的问题,组织首先需要制定科学的解决方案和办法,然后由管理人员具体执行这一行政决策,完成具体的行政管理任务。行政决策的科学性,既是各个组织在行政管理活动中所追求的共同目标,也是决定这些组织工作效率的关键因素。组织的行政决策按其性质可分为战略决策、策略决策和战术决策等。在制定行政决策时,为保证决策的科学化,除各级行政机关的领导人员参与外,普通工作人员有时也会参与决策程序。此外,一些组织还专门设置了行政决策机构,专门从事决策研究和决策效果等分析。

（四）法治原则

在现代民主社会中,尽管各国社会制度和政治制度有所区别,但行政管理都无一例外地必须遵循法治原则。西方行政法学家一般都强调人民在国家生活中的基本权利,主张行政权应受法律的拘束,把"依法行政"推崇为国家进行各项行政管理活动的基本准则。没有法律根据,不得任意剥夺人民的权利,或使人民增加义务;没有法律根据,不能为特定人设定权利,或为特定人免除法律规定的义务;遇到法律规定可以由行政人员自由裁量的情况,也不能超过法律规定的范围或界限。在社会主义国家,无论是国家机关的行政管理活动,还是一般企业、事业单位的行政管理活动,均必须依照宪法、法律和行政法规的各种规定进行。

三、法院管理与行政管理的基本区别

法院管理在一定程度上讲也是一种行政管理。在现代法治国家中,立法权、司法权、行政权分立(或分工)与制约,它们分别由不同的机关来行使被认为是近代法治的一项基本原则。[①]"权力"是一种影响力和支配力,是维护

———————————

① 从当代各国的法治实践来看,所谓三权分立(或分工)并不是绝对的,立法、司法、行政三种职能之间的界限是相对而言的。

统治秩序、实现政治社会价值的最大力量,体现为"一种组织性之支配力……是制定法律、维护法律与运用法律之力"①。在广义上,司法机关的活动与行政机关的活动都是一种执法行为,都是对国家既定法律和法规的贯彻执行。因此,法院管理和行政管理在职能实现上必然有相同的方面。但在现代社会中,由于法院和政府在国家权力体系中属于两种不同的国家机关,二者的性质和活动原则等都存在着本质的区别,二者依法行使的权力分别为司法审判权和行政权。在各国,通常法院管理的核心内容是司法审判管理,而行政管理的核心内容主要是行政执法的范畴。

在人类社会进入国家状态、产生"国家权力"之初,权力尚处于浑然一体的状态,此时并无所谓的分权之说,更谈不上有相对独立的司法审判权。随着社会文明、政治文明的不断进步,尤其是在资产阶级启蒙思想家洛克、孟德斯鸠等人的倡导下,权力开始从混沌走向分化。在此之后,司法审判权才得以以一种独立的国家权力形态登上历史舞台。②司法权的出现源于对权力进行制衡的需要,权力之所以需要制衡,则源于人们对于政治自由的渴求和对权力的不信任。法国著名思想家孟德斯鸠认为:"要防止滥用权力,就必须以权力约束权力",他指出,自由只是在"国家的权力不被滥用的时候才存在。一切有权力的人都容易滥用权力,这是万古不易的一条经验。有权力的人们使用权力一直到遇有界限的地方才休止"。③司法审判权毕竟与国家政府机关行使的行政权是有本质不同的,两者的差异主要在于以下几点:

(一)权力本质上的差异

司法审判权,从本质上说,它是一种裁判权,是针对申请者(国家、自然人和法人及其他组织)向其诉求裁断的案件(刑事、民商事、行政等),按照事先颁布的法律(实体法和程序法)以及法律原则及规定,作出具有法律强制约束力的裁判决定,从而实现以法律方式解决各方权益争议的国家权力,即国家强制力保证法院裁判结论的执行与效力。"司法权或司法审判权是为纠

---

①　谢瑞智编著:《宪法辞典》,台湾文笙书局,1979年,第61页。

②　孟德斯鸠在其名著《论法的精神》一书中使用了"裁判权力"的概念,1780年的美国宪法将其称为"司法权",而法德两国的宪法中也称之为"司法权"。参见王利明著:《司法改革研究》,法律出版社,2000年,第8页。

③　[法]孟德斯鸠著:《论法的精神》(上),张雁深译,商务印书馆,1961年,第154页。

纷而存在的,只有在解决纠纷过程中司法权才能彰显其自身存在的意义。"①
也就是说,司法审判权是通过有效处理和解决在法律实施中所产生的纠纷,
来实现应有的法律价值。这种争端"既可能是平等主体之间的民事纠纷,也
可能是个人与作为行政管理者的行政机关之间的行政争端,还可能是个人
与国家之间的刑事争端"②。

实际上,对于法院来说,无论其需要解决任何纠纷和事项,它实质上都
是作为中立者,公正地裁决其他的人与人之间、人与法人和其他组织之间的
权属和利益纠纷,法院本身并不直接参与双方当事人之间的权益之争,它就
像一场球赛的裁判员,双方当事人就是参赛的两支球队,法院的法官作为裁
判员不能参与任何一方的进攻和防守,更不能吹"黑哨",否则会影响比赛结
果的公平与公正。因此,在法院行使司法审判权的诉讼过程中,实际上有三
方主体参与其中,包括行使审判权的法院与案件中产生纠纷和矛盾的双方
当事人。在三方中,法院的法官是居中裁判者,不告不理、不偏不倚,公平决
断双方的纠纷;在审理的每个案件中,都存在着两层法律关系:一是双方当
事人之间存在的讼争实体法律关系,二是法院与双方当事人之间的诉讼程
序法律关系。总而言之,"裁判权之性质与司法中立性具有天然不可分离的
关系,这种性质与司法活动的价值追求也是一致的"③。

与审判权相比,行政权在本质上与之有显著不同。行政权作用的对象是
公共事务,它是通过直接的"命令—服从"式的行政行为来实现立法者所推
行的法律价值,促使其由观念层面向现实层面的转化。行政机关在实施管理
活动中,其核心任务并不是去化解他人之间的争端,而是要代表国家和社
会,依法对特定的公共事务进行管理。行政机关行使行政权所要解决的是各
种行政事务:对于普遍性事务的管理,行政机关可能通过抽象行政行为来实
现;而对于具体性事务的管理,行政机关则可能通过具体行政行为来实现。
总之,行政机关所处理的事项往往是行政机关直接根据行政法的规定对行
政相对人实施某种行政管理。这里,一个前提约定是,行政机关的管理行为

---

① 孙万胜著:《司法权的法理之维》,法律出版社,2002年,第37页。

② 陈瑞华:《司法权的性质——以刑事司法为范例的分析》,《法学研究》,2000年第5期。

③ 参见[奥]凯尔森:《法与国家的一般理论》,沈宗灵译,中国大百科全书出版社,1996年,第
299页;龚祥瑞著:《西方国家司法制度》,北京大学出版社,1993年,第14页。

并不以他人之间存在纠纷为前提。①

在行政机关对社会事务进行管理从而结成的行政管理关系中，存在着双方主体，即做出具体行政行为的行政机关和具体行政行为的承受者——行政相对人。他们之间存在一种行政法律关系，也是实体法律关系。政府作为社会公共利益的化身，它的执行机构就是代表政府做出具体行政行为的各行政机关。行政机关在行使管理权时，所占据的地位较为强势和主动，从而在现实的行政法律关系中，导致行政机关与行政相对人的主体地位不平等。因为毕竟前者是处于管理者的地位，而后者则实际处于被管理者的地位。英国学者维尔（M.J.C. Vile）指出："要保证政府的权力受到控制，以便政府的权力行使不致摧毁政府权力有意促进的价值。"②因而，从这一层面看，行政权实际是一种处理权的性质。行政机关具有依照行政法规、根据执行机关的意志，对行政相对人作出某种处理决定的权力。在这个过程中，"由于行政机关是代表政府在进行行政管理，行政机关本身即为法律关系的一方当事人，因而应当受到上级政府的领导和指挥，不必严格强调上下级之间的独立性等等因素，故不存在中立性问题"③。

（二）功能上的差异

司法审判权的基本功能是，通过特定的司法程序，使权益纠纷中受到损害的一方当事人得到有效的权利恢复或补救。其基本途径是以国家强制力的手段，强制违反义务的一方当事人履行其应尽的义务或承担责任；依法对发生权益争议的双方当事人之间的权利义务关系进行确认，以平衡和化解双方之间的利益冲突。此外，司法审判权还具有实际的社会行为导向功能。这种导向功能不仅表现在司法裁判对广大社会公众的行为具有较强的教育和引导功能，而且表现为法院之间的"先例拘束原则"，类似于英美法系的"判例原则"④。此外，法院的审判活动还可以有效防止国家权力的滥用，避免

---

① 由行政机关对某些民事纠纷加以处理的行政裁决行为应当是一个例外，但行政裁决只是在法律有明确规定的少数情况下适用。

② ［英］M.J.C.维尔著：《宪政与分权》，苏力译，生活·读书·新知三联书店，1997年，第1页。

③ 赵刚：《我国法院行政化、企业化倾向之初步批判——以民事诉讼为切入点》，陈光中、江伟主编：《诉讼法论丛》（第七卷），法律出版社，2002年，第47页。

④ 这一点在英美法系国家表现得尤为突出，因为英美法系实行判例制度，法院先期的裁判结果对以后发生的案件和诉讼具有约束力和指导作用。

其对个人合法权益的侵犯。总而言之,法院审判权的基本功能在于,"为各种各样的权利提供一种最终的救济渠道,并对各种各样的国家权力施加一种特殊的审查和控制机制,以便为个人提供一种表达冤情、诉诸法律的基本途径,使得那些为宪法所确立的公民权利能够得到现实的维护"[1]。

而行政权的基本功能是,通过行政主体依法进行的管理,保持稳定的社会秩序,以维护国家利益和社会利益。从根本上说,一方面,行政权的行使是以国家整体利益和社会公共利益为基本出发点的,个人行为不得破坏和影响行政权的行使。而另一方面,在不破坏、不扰乱公共秩序的前提下,行政机关也不能随意侵犯社会成员个体的合法权益。在各国的行政管理实践中,一个基本的趋势是,行政权在强调管理的同时,越来越注重服务的功能。

(三)启动方式上有所不同

司法审判权的实质是一种裁判权,因此行使司法审判权的必然前提是存在事实的纠纷,并且当事人在自愿的情况下,主动将该纠纷提交给法院,请求法院予以裁决。因此,"法院对于纠纷的处理不应采取积极主动的方式,这就是所谓的司法权的'被动性'或'消极性',亦即法院对诉讼案件的受理和审判应当奉行不告不理的原则"[2]。正像法国学者阿历克西·德·托克维尔(Alexis de Tocqueville)所说:"司法权自身不是主动的,要想使它行动,就得推动它,向它告发一个犯罪案件,它就惩罚犯罪的人;请它纠正一个非法行为,它就加以纠正;让它审查一项法案,它就予以解释"[3]。但是"它不能自己

---

[1] 陈瑞华:《司法权的性质——以刑事司法为范例的分析》,《法学研究》,2000年第5期。

[2] 这与目前提倡的能动司法不矛盾。2010年3月11日,最高人民法院常务副院长沈德咏就2009年人民法院工作回顾和2010年工作展望,接受中央电视台"面对面"栏目组记者专访。沈副院长其中讲道,目前强调的能动司法的理念与司法的中立性、被动性并不矛盾,实践中也不会发生冲突。能动司法可以看作一种司法理念,讲的是在特定情况下,司法机关应该如何发挥能动作用,为社会提供有效的司法服务。2009年,人民法院强调能动司法,直接目的是为了加强金融危机的司法应对,努力做好金融危机背景下的审判和执行工作;司法中立是讲在诉讼架构中,相对于原告和被告,法官作为裁判者,应处在中立地位、不偏不倚;司法被动,就是指人民法院对诉讼案件的受理和审判应当奉行不告不理的原则。人民法院倡导能动司法,是要求在尊重司法规律的基础上,充分发挥主观能动性,正确、全面履行宪法和法律职能,最大限度发挥司法在权益维护、纠纷解决、社会管理和实现公平正义中的功能作用。至于具体案件的审理,则必须强调严格依法办事,不能违背司法的中立性和被动性。参见《人民法院报》,2010年3月12日。

[3] [法]托克维尔著:《论美国的民主》(上),查果良译,商务印书馆,1993年,第110页。

去追捕罪犯、调查非法行为和纠察事实"①。它的被动性主要表现在：①审判程序启动的被动性。无论是自诉案件还是公诉案件，都必须有一方当事人向法院提起诉讼，审判程序才能启动。古罗马人将此形象地称为"无控告即无法官"原则。因此，"司法运作启动的被动性寄托了当事人双方的热望和司法运作的权威性基础"②。②裁判范围的有限性。裁判的范围必须局限于起诉书所明确载明的被告人和被控告的事实，而不能超出起诉的范围，也不可以直接去审理未经过指控程序的人或事实。对此，日本学者谷口安平指出："司法机关仅仅在提起诉讼的原告所要求的范围内行动，法院的审理范围被原告提出的主张所限制，判决不能超出原告所主张的范围，也不能有与原告的要求不相对应的内容"③。③审判权在案件审理过程中的消极性。现代司法理念是"当事人中心主义"，强调当事人在举证和质辩过程中的主导地位，当事人实际居于诉讼活动的核心地位，而法官则处于一个相对中立的地位。法官不是庭审的主导者，而只是一个居中判断者。审判权的被动性是从司法审判的中立性中派生出来的一个重要特征，是程序正义理念的内在需要。"任何人不能成为自己案件的法官"是程序正义的一个基本原则，进而为司法公正奠定正当的程序基础。正如拉德布鲁赫(G. Radbruch)所说："如果裁判者同时也是控告者，就必须由上帝担任辩护人。"④

司法审判权的这种被动性产生的最深层的原因是，司法审判权追求的是诉讼公正的基本价值准则。从这一层面看，"法院对纠纷的解决只有采取消极主义的态度，才能保持其公正和中立的面目，才能获得争议各方对法院乃至诉讼过程的公正性的信赖"⑤。否则，如果在现实中法院总是主动去行使司法权，强迫去"解决"当事人实际并未诉求法律的纠纷，裁决必然会失去其公正性。美国学者乔治·格雷(George Gray)也曾说过："法官是一种由某一有

---

① ［法］托克维尔著：《论美国的民主》(上)，查果良译，商务印书馆，1993年，第110页。

② 李龙主编、汪习根执行主编：《法理学》，人民法院出版社、中国社会科学出版社，2003年，第392页。

③ ［日］谷口安平著：《程序的正义与诉讼》，王亚新、刘荣军译，中国政法大学出版社，1996年，第25页。

④ ［德］拉德布鲁赫等著：《法学导论》，米健、米林译，中国大百科全书出版社，1997年，第121页。

⑤ 贺卫方：《中国司法管理制度的两个问题》，《中国社会科学》，1997年第6期。

组织的机构任命,并应那些向其主张权利的人申请而确定权利和义务的人"①。"正是由于有一项向他提出的申请他才采取行动这一事实,才将法官和行政官员区别开来。"②例如前些年,在民事诉讼实践中,某些法院主动到工矿企业上门服务,"开发案源"或"提前介入"的做法,则显然有损于审判权的被动性原则,这会导致最终丧失审判权的公正性。在这种情况下,如果一方当事人认为法院偏向另一方当事人,也属合情合理。而从另一层面看,司法审判权不主动、不强行介入当事人之间的权益纠纷,正是充分尊重当事人诉讼意愿的重要表现。这实际是现代诉讼公正的重要要求之一,也是建设司法文明的重要内容。正如美国著名法官奥利弗·温德尔·霍姆斯所说:"如果美国人民想要下地狱,作为法官,他的工作就是帮助他们尽可能快地到达那儿。"③这话虽有些偏激,但却恰如其分地描述了法官这一角色的义务和职责的内在要求。

行政权则有所不同,在多数情况下,它都是采取主动的行为方式。因为行政机关是代表国家意志依法对社会公共事务进行管理,这种管理是以公共利益维护为基本准绳的,不取决于行政相对人自身是否愿意被管理,而只取决于是否依据法律规定的权限进行管理。无论是行政官员还是行政机构整体都不具有独立性。行政机构系统内部存在着所谓的"官位等级制",上下级之间系隶属关系,以服从为天职,保证政令的上通下达,无障碍通过。这是因为:①行政管理事务大多具有时效性的要求,行政机关必须在特定时间内,对其实施有效的管理,以维护社会秩序的稳定。②大多数情况下,行政机关必须主动行使职权。法律规定,行政机关应当主动地行使行政权,否则,如果行政机关不主动承担其管理职责,属于不作为的失职。行政机关主动行使职权,是保证国家利益和社会公共利益免受损害的必然要求。③在实践中,行政相对人往往存在逃避处罚的行为动机。当行政相对人违反了行政义务或未履行其应当承担的责任时,他往往不会主动地向行政机关提出要求,去履行相应义务或承担相应责任,因此行政机关必须主动行使其职权,对类似行为进行监管和纠错,履行法律赋予其的行政管理权。

---

①② 转引自陈瑞华:《司法公正与司法的被动性》,《人民法院报》,2002年2月26日。

③ [美]波斯纳著:《法理学问题》,苏力译,中国政法大学出版社,1994年,第283页。

（四）对自身独立性的要求有所差别

审判权是一种裁判权，只有当裁判的主体能够排除来自社会各方的干涉，而完全依照法律进行审判，才能有效保证其公正性。因此，审判权对独立性有着极高的要求。"如果司法权不同立法权和行政权分立，自由也就不存在了。"汉密尔顿对此作了精辟的补充，他认为司法部门既无强制，又无意志，而只有判断，而且为实现其判断还需要借助行政部门的力量。因此，司法权为分立的三权中最弱的一个，与其他两者无可比拟。是故除使司法人员任职固定以外，别无他法以增强其坚定性和独立性。可将此项规定视为宪法的不可或缺的条款，并在很大程度上可视为人民维护公正和安全的支柱。[①]可以说"独立的司法是西方社会最本质的特点"，是西方民主和自由的基本保障。[②]从现代法治国家的实践发展来看，保证最大限度的诉讼公正，必须从以下三方面有效保证司法独立的实现：其一，从国家机构设置上，审判权和审判机关必须独立于其他国家权力和国家机关；其二，在法院系统内部，上下级法院在司法审判业务上保持相互独立；其三，在审判具体案件时，主审法官具有独立审判权，其他任何人、任何机关、任何组织不得进行干涉，必须保证"法官除了法律就没有别的上司"[③]。

而行政权虽然在某些层面也具有一定的独立性，但从总体上说，无论是上下级行政机关之间，还是行政机关内部各行政人员之间，都不存在类似审判权那样的依法保障的严格独立性。这一区别实质上是由行政权与审判权的法理价值差异所决定的。在现实行政管理实践中，高效率的行政管理模式往往是采取"命令与服从"和"长官负责"的原则。下级行政机关严格遵循上级行政机关的指令和要求，从事具体的管理活动。在行政管理活动中，行政管理人员服从行政主管或长官的命令和指挥；相应地，上级行政机关需要对下级行政机关的具体行政行为负责，并承担责任，具体行政事务的直接行政主管，需要对其领导的行政事务承担个人责任。在这种模式下，能保证行政

①　参见［美］汉密尔顿等著：《联邦党人文集》，程逢如、在汉、舒逊译，商务印书馆，1980年，第390页。

②　See Thomas E. Plank, The Essential Elements of Judicial Independence and the Experience of Pre-Soviet Russia, *William and Mary Bill of Rights Journals*, Vol. 5. 1996.

③　《马克思恩格斯全集》（第1卷），人民出版社，1956年，第76页。

管理运行"上令下达、政令通畅",从而通过统一、高效的管理过程,实现维护社会管理秩序的目标。

(五)裁决依据不同

司法裁判的依据是国家的法律,司法裁判不能依照领导人的指示或者上级机关的指示、命令作出,必须严格贯彻依法裁判的原则。这是现代法治国家普遍接受的司法原则。

行政权的依据则与审判权有所不同。虽然所有的行政活动也都必须严格依法行使,即"依法行政",但在现实实践中,一些人为因素和政策因素在一定的范围内会对行政权的行使产生影响。这是因为,法律规定的通常是一些原则性的问题,而地方行政管理事务大多十分复杂,有一些微观的事务很难在法律上找到依据,不同地区在不同时期内的工作重心也有较大的差别,因此法律赋予了行政机关在某些情况下制定一些行政政策的权力。这样,一方面确保了行政管理的及时、高效,但另一方面,也使行政管理的依据有时会与法律规定相冲突。

(六)处理结果的效力有所不同

在司法审判中,法院是以中立的第三方身份对他人之间的权益纠纷作出公正的审判和裁决,其处理结果具有终局性的效力和影响。在各种解决社会纠纷的机制中,司法审判通常被视为最为公正的一种机制。因此,各国通常会制定严格的司法程序制度,保障参加诉讼的双方当事人享有平等的诉讼权利和承担应有的义务,同时,切实遏止法官的枉法裁判。当各种纠纷不能通过其他途径得到合理解决时,当事人往往会诉求法院进行裁决,因此司法程序就成为"正义的最后一道防线"。对于法院而言,依法作出的裁决不再受到其他机关的裁判。其他任何机关、组织或个人均不得变更或撤销,当事人应当无条件地履行该裁判所确定的义务。司法审判权的终局性最初源于古罗马法的"一事不再理原则",并被随后的大陆法系国家继承,对于司法机关业已生效的裁判案件一般不再重新启动审判程序。罗马法的"一事不再理原则"在英美法系的法律上称为"禁止双重追诉原则",即被告不得因同一犯罪行为受到两个或两个以上生效裁判的处罚,否则,个人权益就会因同一行为反复处于不确定、待审查的状态。尽管这两个原则在宗旨和指向方面各有不同,但都强调司法裁判活动一经结束,就不能再逆向运行——重新使业已裁判的案件处于待定状态。正如美国学者H.W.埃尔曼(Henry W. Ehrmann)

所说:"具体的言行一旦成为程序上的过去,即使可以重新解释,但却不能推翻撤回……经过程序认定的事实关系和法律关系,都被一一贴上封条,成为无可动摇的真正的过去。"①司法审判权的终局性是树立司法权威、实现法治国家的必然要求。正如澳大利亚法官布莱恩·马丁(Bryan Makin)所言:"在一个秩序良好的国家中,司法部门应得到人民的信任和支持。从这个意义出发,公信力的丧失就意味着司法权威的丧失。"②

　　而行政机关的处理结果与审判权的处理结果不同,一般情况下,它并不具有终局性的效力。二者在管理上的不同价值追求决定其处理结果的效力区别。在行政法律关系中,拥有行政权的行政机关是实际的管理者,而行政相对人则处于被管理者的地位。在一些情况下,行政机关的处理决定会违背公正性准则,因此如果法律赋予行政机关裁决的终极效力,会导致行政相对人即使认为处理不公正,也必须履行行政机关的决定,这将不利于维护行政相对人的合法权益。同时,行政行为追求高效率的价值目标,会使其在紧迫性等因素的驱动下,背离兼顾公正的原则要求,从而侵犯行政相对人的合法权益。因而,在现代各国的实践中,行政机关的处理结果大多不具有终局性的效力。当行政相对人认为行政机关所作出的处理结果有失公正,他可诉诸司法审查程序,寻求公正。但各国在处理争议的机构设置上,情况不尽相同。对于这种行政争议的诉讼,有些国家规定由普通法院管辖,而有些国家则规定由行政法院管辖。③

---

①　转引自季卫东著:《法律秩序的建构》,中国政法大学出版社,1999年,第18页。

②　转引自上海市第一中级人民法院研究室:《21世纪司法制度面临的基本课题》,《法学》,1998年第12期。

③　在中国,行政相对人对行政机关的具体行政行为不服,可以向做出该具体行政行为的上级行政机关申请行政复议,对行政复议不服的,可以向人民法院提起行政诉讼。该类案件由人民法院的行政庭受理,因为我国没有设立行政法院。

第二节 法院管理的基础理论

一、管理理论

管理理论是对管理实践规律性的总结,管理实践也深深受到管理理论的影响。西方传统管理理论对当代各国的法院管理均产生了不同程度的影响。

西方专业分工理论最早由以"科学管理之父"弗雷德里克·W.泰罗(Frederick Winslow Taylor)为代表的古典管理理论家提出,它既是近代产业革命的起点,也是后来管理学家创建管理学的理论基础。专业分工理论是组织结构的基本理论,也是传统分工理论的基本点。一个完整的管理系统有了内部分工才能形成组织结构,其纵向的分层形成了纵向结构,横向的分部门形成了横向结构。这个原理也被称为"专业分工与协作原理"或原则。分工是必要的,但分工要适当,过细的分工也会带来一系列弊端。现代分工理论强调组织分工适当简化,回归到适当点,但更重视分工基础上的合作,西方称之为"一体化"。这也是职能机构综合化的原理,该原理的基本操作方法就是合并机构,如把一些职能部门合并为由一个部门来承担。但有些管理职能则不宜合并,如监督职能。

人民法院管理受专业分工理论影响最明显的地方表现在以下两个方面:一是人民法院内设机构的设置,即在院长之下设立若干个中层部门,各中层部门之间没有统筹的中间机构。二是人民法院的管理运行机制,就是一个案件到法院,立案时要庭长、分管院长审批;审理案件时,主审法官向审判长、庭长汇报案情,请示方案;最后,裁判文书还要报审判长、庭长,甚至分管院长审批。这种层层汇报、层层审批的做法,明显带有传统专业分工理论的色彩。

二、行政管理理论

从广义上讲,国家机关和非国家机关的计划、组织、指挥、控制、协调等管理活动都被称为"行政";从狭义上讲,一般将"行政"界定为政府机关的执行活动。在学术界,对于狭义上的"行政"有着诸多的定义,例如:"行政是政府组织依法对社会事务进行组织和管理的活动, 即行政管理就是国家行政机关依法对国家和社会公共事务进行管理"①。"行政是国家权力机关的执行机关依法管理国家事务、社会公共事务和机关内部事务的活动。"②

当前,无论是对社会公共事务的管理,还是对国家自身事务的管理,都是以国家政府为主体的组织管理活动,这种行政管理活动即行政管理。马克思所揭示的关于国家的二重职能的理论, 指明这种行政管理一方面执行着统治阶级的意志,另一方面执行着一切社会(有阶级社会和无阶级社会,包括有阶级社会中的各种历史类型的社会) 的公共管理职能。从后一个角度说,政府行政实际上也是一个管理的大舞台,而且是人类社会所有管理活动中规模最为宏大、历史最为悠久、对社会影响最为深远的大舞台。③

讲求效率是行政管理的根本目的。研究行政管理的目的就在于探寻行政任务完成得又好又快且又最节省开支的办法。现代西方学者普遍认为,效率是投入与产出、努力与效果、支出与收入、消费与获得彼此之间的比率。在众多的效率中,有三种效率特别重要:一是工程效率,即所用物质量与新产物质量的比率;二是经济效率,即支出金钱与获得收入的比率;三是社会(行政)效率,即人的耗费与产生功能的比率。有关研究者关于效率的定义可概括为一句话,即以最少的劳力、费用获得最大的效益。④

"行政效率"是指所获得的行政效果与所消耗的人力、物力、财力和时间的比率, 即在单位时间内开展行政活动所获得的效果与所付出的物质和精神代价的比率。以最小的代价获得最佳效果的,效率就高;反之,则低。由于行政工作有许多复杂抽象的行政事务,有许多无形的东西,无法用数字来计算效率,因此有不少学者又提出从效能多少的观点来衡量效率高低,即从行政管理的社会效果来衡量,看是否成功地完成了工作任务,实现了预定的目标;看是否创造出了最好的成绩和纪录;看是否及时解决了问题和困难。一个政府,只有在最大程度上促进了社会经济、文化和公共福利事业的发展,才算有效率。如果其决策符合客观规律,机构运转正常协调,指挥灵活有效,

① 沈亚平等主编:《社会转型与行政发展》,南开大学出版社,2005年,第15页。

② 夏书章主编:《行政管理学》,中山大学出版社,1998年,第2页。

③ 参见孙荣等编著:《行政学原理》,复旦大学出版社,2001年,第1页。

④ 同上,第288~289页。

办事迅速、准确、无误,所耗时间、人力、物力越少,效率就越高。在行政管理上,效能和效率并重,存在着目标和管理、"政"与"治"的关系,效能统帅和制约效率;效率服从、服务效能,二者互为条件,相辅相成,不可偏废。只讲效能不讲效率,实现效能就没有正确的手段,则"劳民伤财",难以实现政府的目标;相反,只讲效率不讲效能,工作就会失去正确的方向,"唯利是图",不择手段,则效率越高,负值越大,得不偿失。因此,行政效益是行政效能与效率的总和,缺一不可。同时,无论哪级政府、部门提高效能和效率,都要服从、服务于国家和社会发展的总体目标,为大局服务,不得以小失大。如果为提高一个单位的效益,而不顾或损害国家和社会的效益,结果必然要受到社会舆论的批评,直至受到法律的制裁。

自政治与行政两分法出现之后,行政被视为单纯的执行国家意志的活动,而执行的最基本的价值就是经济与效率。在相当长的一段时期,行政学就是研究如何才能提高效率的一门学问。的确,在整个社会体系中,政府就如同社会这部"大机器"上的"主轴",而其他的社会组织如同这部"机器"上的"齿轮"。作为"主轴"的政府组织运转的效率如何,直接决定着作为"齿轮"的社会组织运行的效率。随着社会的发展,政府在政治生活中不再仅仅承担执行的职能,同时也要承担表现国家意志的职能,因此政府活动的价值也不再仅仅局限于效率,民主、法治、公正等价值对于政府活动来说同样重要。尽管如此,效率依然是包括行政管理在内的各类社会组织最主要的一个价值诉求。

对于行政机关来说,影响行政效率的主要因素既有组织方面和人事管理方面的因素,也有管理方法和工作方式方面的因素。为提高效率起见,应当从上述方面加以改革和完善。

三、质量管理理论

美国质量管理专家戴明(W.Edwards Deming)认为,所谓"质量管理"是指为了最经济地生产有价值、在市场上畅销的产品,要在生产的所有阶段使用统计方法。中国质量管理协会对"质量管理"的解释是,为保证和提高产品质量或工程质量所进行的调查、计划、组织、协调、控制、检查、处理及信息反馈等各项活动的总和。随着ISO系列标准在全球范围的推行和实践,我国已进入全面质量管理的时代。正如美国著名的质量管理专家约瑟夫·M. 朱兰(Joseph M. Juran)1994年在美国质量管理年会上说,20世纪以"生产力的世纪"载入史册,21世纪将是"质量的世纪",将质量定为21世纪的主题。[①]在迈向司法现代化的今天,司法领域引入现代管理理念,运用现代管理技术来提高司法系统的服务质量是应当予以考虑的一个问题。案件质量是质量控制的一个对象,完全可以运用质量管理的成果来提升案件质量。

案件质量管理是对审判过程中可能影响案件质量的所有环节进行的一系列管理活动,包括建立和完善审判质量管理体系及运行机制等。主要包括以下四个内容:一是通过审判流程管理预防不合格审判,消除隐患;二是通过卷宗评查发现在实体或程序上可能出现的裁判不公;三是通过裁判文书改革提高裁判质量;四是通过上诉和审判监督程序纠正错误。

四、流程管理理论

20世纪90年代,美国麻省理工学院教授迈克·哈默(Michae Hammer)和CSC管理顾问公司的董事长詹姆斯·钱皮(James Champy)提出了"管理流程再造"的概念,对企业的业务流程进行根本性再思考和彻底性再设计,从而使企业在成本、质量、服务和速度等方面获得进一步改善。"管理流程再造"理论学派认为,要保证有效地执行计划,就需要建立完善的控制系统,强化控制职能。

审判流程管理制度就是人民法院为控制计划实施而设置的审判工作管理机制。《人民法院第一个五年改革纲要(1999—2003)》第八条提出:"建立科学的案件审理流程管理制度, 由专门机构根据各类案件在审判流程中的不同环节,对立案、送达、开庭、结案等不同审理阶段进行跟踪管理,保证案件审理工作的公正、高效。"《人民法院第二个五年改革纲要(2004—2008)》第三十条提出:"健全和完善科学的审判流程管理制度,逐步做到同一级别的法院实行统一的审判流程管理模式。在考虑案件类型、难易程度等因素的前提下建立和完善随机分案制度。"多年来,全国各地法院以构筑合理的审判程序控制系统为动力,以程序价值为依托,力图克服司法权行使过程中的

---

① 参见秦静等编著:《质量管理学》,科学出版社,2005年,第1页。

随意性和"暗箱操作",形成了不少有价值的实践成果。实践证明,审判流程管理使人民法院的审判工作步入了快车道。凡是实行审判流程管理的法院,无一不提高了审判效率,缩短了审判周期。①

第三节 法院管理的运行机理分析

一、法院审判管理的制度体系

(一)公开审判制度

根据我国宪法第一百二十五条规定:"人民法院审理案件,除法律规定的特殊情况外,一律公开进行"。对依法不公开审理的案件也要一律公开宣判。所谓"公开",就是对社会公开,对于开庭审判的全过程,除合议庭评议外,都允许公民旁听,允许新闻记者采访和报道。对依法应予公开审理的案件,法院在开庭前要公布案由、当事人的姓名、开庭时间和地点。依照《中华人民共和国人民法院组织法》第七条规定,下列三种案件不公开审理:①涉及国家机密的;②涉及个人隐私的;③未成年人犯罪的案件。此外,根据《民事诉讼法》的规定,离婚当事人和涉及商业秘密案件的当事人申请不公开审理的,可以不公开审理。

(二)辩护制度

宪法和《中华人民共和国人民法院组织法》规定,被告人有权获得辩护。"刑事辩护"是指在刑事诉讼中,根据控诉一方指控的犯罪事实和适用的法律,犯罪嫌疑人、被告人及其辩护人提出的证明犯罪嫌疑人、被告人无罪、罪轻、减轻或免除罪责的意见和材料,以保护其合法权益的诉讼行为。其实质是以立法的形式,给刑事被追诉者一个程序上的公正,使其能够参与到刑事诉讼程序中去,保护自己的合法权益。

《刑事诉讼法》进一步规定,人民法院有义务保证被告人获得辩护,并对实行这一原则和制度作了具体规定。刑事辩护一般分为自行辩护、委托辩护和指定辩护。所谓"自行辩护"是指犯罪嫌疑人、被告人自己为自己进行的辩

---

① 参见尹忠显主编:《法院工作规律研究》,人民法院出版社,2003年,第477页。

护。这种辩护贯穿于刑事诉讼的整个过程,无论是在侦查阶段还是在审判阶段,被告人都可以为自己辩护。"委托辩护"是指犯罪嫌疑人、被告人通过与法律允许的人签订委托合同,由他人为自己辩护。这里的"他人"可以是律师,也可以是其他公民。委托辩护相对于自行辩护而言更有利于犯罪嫌疑人、被告人充分行使辩护权,因此它成为现代刑事诉讼中最为主要的一种辩护方式。"指定辩护"是指在遇到法律规定的特定情况下,即被告人因经济困难或者其他原因没有委托辩护人的,被告人是盲、聋、哑或者未成年人而没有委托辩护人的,以及被告人可能被判处死刑而没有委托辩护人的,法院为他们指定辩护律师为其辩护。在公诉案件中,自案件移送审查起诉之日起,犯罪嫌疑人有权委托辩护人为其辩护。在自诉案件中,被告人有权随时委托辩护人为其辩护。而在一些情况下,人民法院可以指定承担法律援助义务的律师为其提供辩护。

(三)两审终审制度

《中华人民共和国人民法院组织法》在第十二条中明确规定:"人民法院审判案件,实行两审终审制。""两审终审制"是指一个案件经过两级法院审判就宣告终结的制度。人民法院实行四级两审终审制,即设四级人民法院,两审终审,根据案件的性质和难易划分级管辖。如果当事人对第一审案件的判决或裁定不服,可以在法定期限内向上一级人民法院提出上诉;如果人民检察院认为一审判决或裁定确有错误,可以在法定期限内向上一级人民法院提出抗诉。如果在上诉期限内,当事人不上诉或人民检察院不抗诉,这个一审判决或裁定就是发生法律效力的判决和裁定。上级人民法院对特定的上诉、抗诉案件,按照第二审程序进行审理后,所作的判决或裁定结果,就是终审的判决和裁定,除判处死刑的案件需要依法进行复核外,其他判决或裁定结果就立即发生法律效力。

根据法律规定,下列案件实行一审终审:①最高人民法院审理的第一审案件;②基层人民法院按照《民事诉讼法》的特别程序审理的选民资格案件、认定公民无行为能力或限制行为能力案件、宣告失踪案件、宣告死亡案件和认定财产无主案件。

(四)合议制度

《中华人民共和国人民法院组织法》第十条规定,人民法院审判案件实行合议制,除第一审的简单的民事案件和法律另有规定的案件外,都要组成合议庭进行合议。"合议制度"是指由审判员或审判员和人民陪审员组成3人以上的合议庭审判案件的制度,又称"合议制",它是与一个审判员独任审判相对而言的。合议庭组成人员必须是单数,一般为3人,实行少数服从多数的原则,可以保留少数人的意见,但须记入笔录。审判员和人民陪审员有同等的权利。

(五)回避制度

"回避制度"是指办理案件的司法人员(包括侦查人员、审判人员和检察人员)与其经办的案件或者案件的当事人有某种特殊的关系,可能影响公正处理案件的,因而不得参加办理此案件的制度。根据《中华人民共和国刑事诉讼法》的相关规定,审判人员、检察人员、侦查人员存在需要回避的情形之一的,应当自行回避,并且当事人及其法定代理人也有权要求他们回避。《中华人民共和国刑事诉讼法》第二十八条规定这些情形包括:"①是本案的当事人或者是当事人的近亲属的;②本人或者他的近亲属和本案有利害关系的;③担任过本案的证人、鉴定人、辩护人、诉讼代理人的;④与本案当事人有其他关系,可能影响公正处理案件的。"第三十一条还规定,上述规定也适用于书记员、翻译人员和鉴定人。我国《民事诉讼法》和《行政诉讼法》也有类似规定。回避制度分为自行回避和当事人申请回避。审判人员的回避,由本院院长决定;院长的回避,由本院审判委员会决定。

(六)死刑复核制度

"死刑复核制度"是指审查核准死刑案件所遵循的程序和方式方法的规则。2006年10月31日,全国人民代表大会常务委员会决定将《中华人民共和国人民法院组织法》第十三条修改为"死刑除依法由最高人民法院判决的以外,应当报请最高人民法院核准"。

1986年《中华人民共和国人民法院组织法》第十三条规定:"死刑案件除由最高人民法院判决的以外,应当报请最高人民法院核准。杀人、强奸、抢劫、爆炸以及其他严重危害公共安全和社会治安判处死刑的案件的核准权,最高人民法院在必要的时候,得授权省、自治区、直辖市的高级人民法院行使";1986年《中华人民共和国刑事诉讼法》和最高人民法院关于执行《中华人民共和国刑事诉讼法》若干问题的解释中规定,中级人民法院判处死刑缓期二年执行的案件,由高级人民法院核准。应由最高人民法院核准死刑的案件,经中级人民法院判处死刑的第一审案件,须先报请高级人民法院复核同意后,再报请最高人民法院核准;如果高级人民法院不同意判处死刑的,应当提审或者发回重新审判。

(七)审判监督制度

"审判监督制度"又称"再审制度",是指有监督权的机关或组织,或者当事人认为法院已经发生法律效力的判决、裁定确有错误,可以发动或申请再审,由人民法院依法重新审判的一种特别的审判制度。它是实行两审终审制度的一个补救,也称"诉讼救济制度"。它的意义在于通过审判监督程序,可依法纠正已经发生法律效力的错误判决或裁定,有利于保证国家法律的统一和正确实施,准确有效地惩罚犯罪分子,充分体现和贯彻实事求是、有错必纠的方针和政策;有利于加强最高人民法院对地方各级人民法院,上级人民法院对下级人民法院以及人民检察院对人民法院审判工作的监督,及时发现审判中存在的问题,改进审判工作方法和作风,提高审判人员的素质;可以充分发挥人民群众对审判工作的监督作用。根据《中华人民共和国人民法院组织法》和民事、刑事、行政三个诉讼法的相关规定,审判监督制度包括以下四个要点:①提起审判监督程序的前提是,根据当事人及其法定代理人、近亲属对已经发生法律效力的判决和裁定提出申诉,或最高人民法院、上级人民法院发现下级人民法院已经发生法律效力的判决和裁定以及各级人民法院院长对本院已经发生法律效力的判决和裁定,在认定事实或适用法律上确有错误;②有权提起审判监督程序的是各级人民法院院长、上级人民法院、上级人民检察院、最高人民法院和最高人民检察院;③提起审判监督的方式是各级人民法院院长提请审判委员会处理,最高人民法院提审或指定下级人民法院再审,最高人民检察院、上级人民检察院按照审判监督程序提出抗诉;④人民法院按照审判监督程序进行重新审判的案件,应当另行组成合议庭进行再审。

二、法院行政管理的制度体系

在现实法院运行中,法院行政管理主要包括人事管理、财务管理和后勤事务管理这三个主要方面。

(一)人事管理

在人民法院的工作中,对人的管理工作至关重要,人事管理的成败、优劣直接决定和影响法院整体工作的好坏。法院的工作人员大致可以分为法官、法官助理、书记员、法警及其他工作人员。相应的管理理念应由"以领导为中心"的行政化管理转为"以法官为中心"的司法化管理。对于法官应弱化管理,强化监督;对于法官助理、书记员和法警应强化管理和监督;对于其他工作人员可实行行政化管理。在管理过程中应坚持合法化、规范化、制度化,减少和杜绝非理性管理行为。但现阶段的双轨制管理模式存在很多问题,院长、主管院长、庭长、审判员、助理审判员等行政化管理过强,从三级高级法官到五级法官共七个级别的司法化管理较弱。这必然会存在先天的缺陷,司法化管理的主要目的是为了减弱行政化的等级特点,但基层法院却由院长的副处级到助理审判员的股级共四级变为法官等级的七级,等级制度更加森严。况且这个等级主要也是与行政级别挂钩的,没有高的行政级别就无法晋升高级别的法官。

在我国司法机关内,书记员是仅次于法官且与审判业务联系最密切的人员。依据《中华人民共和国人民法院组织法》第四十条的规定:"各级人民法院设书记员,担任审判庭的记录工作并办理有关审判的其他事项"。可见,书记员的地位和作用不可小视。由于书记员和审判业务密切相关,而且对审判工作影响很大,因此书记员不宜被划入司法行政部门进行管理,今后还应作为法院工作人员的一部分。但是现今书记员制度却存在很大弊端,由于法官大多是从书记员中选拔的,致使书记员难以安于本职工作,思想极不稳定,失去钻研本职工作的原动力,专业素质、专业技能难以提高。书记员大多重视法律业务的学习,为向法官转任打好基础,而忽视记录、归档等书记员基本素质的训练,难以为审判工作提供高效、优质的服务。有鉴于此,我们应借鉴国外的做法,在司法机关中相对于法官单独设置书记员职务序列,确立书记员终身任职制,停止从书记员中选拔法官,让书记员从招录、任职、升迁到福利待遇都自成一体,以保证书记员队伍的整体稳定,促进其素质和工作质量的提高。

为进一步加强对书记员的管理,根据人民法院业务工作及干部队伍建设的需要,改革人民法院书记员管理办法,进一步明确人民法院书记员的职责和条件,规范和完善人民法院书记员的选拔任用、考核培训、工资职级等管理制度,在稳定现有书记员队伍的基础上对新招收的书记员试行聘任制和合同管理。对于建立一支相对稳定和专业化的人民法院书记员队伍,提高人民法院审判工作的质量和效率,中共中央组织部、人事部、最高人民法院于2003年10月印发了《人民法院书记员管理办法(试行)》(下称《试行办法》)的通知(法发〔2003〕18号)。根据《试行办法》的规定,对法院书记员进行单独管理。此次书记员管理体制改革的基本内容是:明确书记员的职责,将书记员定位为以法庭记录为主的审判事务性辅助人员;实施单独的书记员管理办法,对新招收的书记员实行聘任制国家工作人员的管理模式;解决书记员的编制和职级晋升问题,保持书记员队伍数量上的稳定。书记员管理体制改革的核心是建立书记员单独序列。

书记员实行单独序列管理符合人民法院审判工作的规定,解决了当前法院审判工作的急需,符合法院人员分类管理的要求。对新招收的书记员实行聘任制,有利于在现行干部管理体制中引进竞争、激励机制,解决国家工作人员能进不能出的问题。书记员实行单独序列管理的推行,还将有利于改革法官的来源和渠道,对法官队伍素质的提高也将起到积极的作用。《试行办法》明确了书记员的条件和招考程序,规定了担任书记员必须具备大学专科以上学历条件,但考虑到中国不同地方的实际情况,又规定经高级人民法院审核同意,在一定期限内,一些地方,比如在司法考试条件放宽的地方,可以将担任书记员的学历条件放宽为高中、中专。《试行办法》也强调了书记员编制的专用性,招聘书记员应在国家确定的编制内进行。对于各省(自治区、直辖市)聘任制书记员及用于聘任书记员的编制,各高级人民法院要造册登记,统一掌握,协调安排使用。此外,《试行办法》还规定了书记员的职级配备规格;聘任制书记员的福利待遇和相关保障措施;突出了合同管理的作用;提供了聘任合同纠纷的解决机制等。

法院书记员管理体制改革是中国干部人事制度改革的一项创新。据了解,新中国成立以来,法院书记员与审判人员同属国家行政干部序列,一直沿用由书记员到助理审判员、再到审判员的晋升模式。随着改革开放和社会主义市场经济体制的建立,社会主义法律体系逐步健全和完善,旧的书记员管理制度已经越来越不能适应人民法院审判工作和队伍建设的需要,并且造成了书记员队伍不稳,整体素质不高;录用标准混同,人才资源浪费;法官队伍膨胀;法官与书记员比例失调,审判工作受到影响等问题。改革书记员管理体制,引入新的竞争与择优机制,实行聘任制的管理模式,是提高书记员队伍的整体素质,推进法官职业化建设的必由之路。它的意义在于:

第一，书记员管理体制改革是中国干部人事制度改革的创新。在《国家公务员暂行条例》和中央下发的《深化干部人事制度改革纲要》中，都提出了在国家工作人员的部分职位可以实行聘任制。该《试行办法》提出的，人民法院书记员实行聘任制管理，既与过去国家试行过的乡镇干部聘用制不同，也有别于在竞争上岗中实行的领导干部聘任制，对于干部人事制度改革将具有一定的示范作用和借鉴意义。

第二，书记员管理体制改革是法院人员分类管理改革的重要步骤，有利于完善法官管理制度，加快法官队伍建设进程。以书记员实行单独序列为起点，人民法院工作人员分类管理的改革将逐步、分阶段地展开。司法分工将逐渐科学化、合理化，审判资源将得到优化配置，各类人员将进行分层管理，将各得其所、各尽其能、各安其位、各乐其业，一个符合中国国情的法官及其辅助人员的分类管理模式将逐步建立和完善。有利于提高法官的整体素质，对提高办案质量具有积极意义。

第三，书记员管理体制改革有利于保证书记员队伍的稳定，提高书记员队伍的专业素质。推行这项改革后，书记员不再向法官职位过渡，有利于保证书记员队伍的活力；对在聘任期间工作态度和工作技能不适应工作需要的书记员，法院可以解聘或不续签合同，从而改变当前法院用人能进不能出的现象。

(二)财务管理

1. 诉讼费管理

1949年中华人民共和国成立后，中国的各级法院几乎完全依靠各级财政拨款维持运行。到了20世纪80年代，随着经济的发展，各类案件迅速激增，法院各项经费支出不断增长，有限的财政拨款越发捉襟见肘。由此，一些地方法院采取了以诉讼费弥补财政预算不足的做法。1985年，最高人民法院和财政部颁发文件，制定了全国统一的诉讼费用收费标准。1989年，最高人民法院颁布了《人民法院诉讼收费办法》，明确了人民法院收费规范。在整个80年代和90年代初，法院收取的诉讼费用都是由各个法院自收自支，不纳入财政预算。据最高人民法院的统计数据显示，1997年全国法院得到财政部门拨给的审判业务经费7.9亿元，而诉讼费补充业务经费达39.1亿元，是财政拨款的五倍左右。

诉讼费用自收自支虽增加了法院收入，但由此暴露出的问题也非常严重。一些法院乱收费、乱罚款,隐瞒转移收入,私设"小金库";一些法院人员还利用监管不力的漏洞,隐瞒、截留、贪污、挪用资金。根据《1999年中央预算执行和其他财政收支的审计工作报告》,1997年和1998年,对全国4500多个县级以上法院、检察院财务收支进行审计,查出乱收费、乱罚款,隐瞒转移收入,私设"小金库",拖欠截留应缴预算收入和财政专户收入,以及挤占、挪用诉讼费、罚没收入和案款的金额为57亿元;发现涉嫌贪污、私分和挪用公款案件81起。

　　1998年,中央加强对公安、检察、法院、工商系统收支两条线的管理,四个部门收费全部上缴财政,由财政足额拨款。但在实际操作的过程中,诉讼费仍然以一定比例返还给法院,各地做法不一,有全额返还的,也有差额返还的。2000年以后,中央政策强调,彻底落实收支两条线,实现收支完全脱钩。法院的经费拨付完全由地方财政供给,与诉讼费彻底脱钩。

　　经历二十多年的变革和调整,目前中国法院财政体制基本上形成了以"收支两条线"和"分级管理、分级负担"为基础的模式。但在实际操作中,法院的财政预算仍然和诉讼收入挂钩。经济发达地区法院的案件较多,诉讼费收入高,上缴财政经费多,法院财政预算也就比较充足;经济落后地区法院诉讼费用少,地方财政又比较困难,法院经费往往预算较低甚至严重不足。2008年,法官能够按月足额发放工资的地区,只有北京、上海、天津和西藏。

　　2. 机构经费管理

　　我国法院系统的经费主要依靠各级地方政府财政拨款及法院自身收入的诉讼费作为补助经费。目前,我国财政对于法院收入的诉讼费,实行"收支两条线",即法院收缴的诉讼费全额上缴给财政专户,财政统筹后再以预算外资金的形式,根据其经济实力与法院的开支预算报告决定拨款数额的多少。因此,不同地区的法院得到的财政拨款是各不相同的,也因此形成了有的法院经费相对有余,有的法院经费缺口很大的现象。在经济发达地区的法院,诉讼费收入多,经费相对较充足,基础设施建设、硬、软件建设相对也较先进;在经济欠发达地区的法院,诉讼费收入少,财政困难,得到的经费也相对不足,人员经费尚无法保证,更何况办案经费和建设资金。而经费缺乏,已成为困扰法院依法独立行使审判权的一个难题。在逐步建立社会主义市场经济体制的进程中, 社会经济正在发生翻天覆地的变革,各类案件剧增,法院的审判业务日趋繁重,现有的经费保障制度已难以适应新形势发展的需要。

笔者认为,在当前强调司法改革的进程中,经费保障机制也应进行相应改革,应改变这种法院经费单纯依靠地方财政拨款的做法,应当实行全国法院系统的经费由国家计划单列,财政统一拨款,并立法保障司法经费,建立独立的司法财政预算制度。理由有以下五个方面:

第一,建立独立的司法财政预算制度,实行国家单列财政拨款,有其历史渊源和借鉴。1985年8月召开的第七届联合国预防犯罪和罪犯待遇大会上通过了《关于司法机关独立的基本原则》(下称《基本原则》),《基本原则》第七条规定"向司法机关提供充足的资源,以使之得以适当地履行职责,是每一会员国的义务"。在《基本原则》的有效执行程序解释中,"向司法机关履行职能提供充足的资源"包括:根据承办案件数量任免足够人数的法官,为法院配备必要的支助人员和设备,以及向法官提供适当的人身安全、报酬和津贴。在国外,大多数国家都将法院经费独立出来,单独列入国家预算。日本早在1947年的《裁判所法》中就规定"裁判所的经费是独立的,应计入国家预算内";美国于1939年设立了联邦法院行政管理局,专门担任联邦司法系统的行政管理职责,由它制定并向国会提出联邦法院预算,审核并分配各联邦法院的经费。正如汉密尔顿所讲的"对某人的生活有控制权就等于对其意志有控制权"。所以,我们应借鉴国外的有益经验,针对我国的司法经费财政管理体制中的弊端,我们应该改革这种体制,建立独立的司法财政预算体制。

第二,建立独立的司法财政预算制度,实行国家单列财政拨款,有利于保证法院独立行使审判权,不受地方政府的干涉和支配。我国宪法规定,审判权由人民法院行使,不受任何机关,企、事业单位,社会团体和个人的干涉。但在现行体制下,司法机关的人、财、物都掌握在同级政府手中,司法机关往往只有与当地党政机关合作才能正常开展工作,司法权处处受制于行政权,导致司法不公,当遇到跨地区的纠纷时,只能维护本地区的利益,形成地方保护主义。由此可见,如果不对这种体制进行改革,司法独立、司法公正只能是一纸空谈!只有在经费保障制度上能保证法院工作的需要,不存在物质利益和需求的干扰,法院才能够真正独立行使审判权,公正地实现其司法职能。

第三,建立独立的司法预算制度,实行国家单列财政拨款,有利于保障法院有充足的办案经费,保证审判职能的实现,防止司法腐败的产生,维护司法公正。随着社会主义市场经济的发展,各类案件不断增长,但地方政府安排给法院的经费增长率却不能与案件增长率成正比。在经费短缺的情况下,有些法院为了解决经费困难,解决干警的住房、福利、办公用房紧张等问题,千方百计搞"创收",或是向当事人、律师、企业单位拉赞助,或是私设收费项目,或是提高收费标准等等。司法腐败成为妨碍司法公正的最直接的敌人,成为最危险的社会公害,成为社会不稳定的一个重要因素。在近几届全国人大会议上,代表们反映最强烈的问题之一也是司法腐败。因此,在建立起社会主义市场经济体制之后,特别是确立了依法治国、建设社会主义法治国家的基本方略后,再实行人、财、物保障依赖于地方政府的体制,已很难适应社会的客观需求。只有建立起与之相适应的独立的司法预算制度,实行国家单列财政拨款,才能保证司法机关拥有充足的办案经费,保证审判工作的顺利进行,维护司法公正。

第四,建立独立的司法预算制度,实行国家单列财政拨款,有利于保障法官享有应有的物质待遇和福利待遇,提高法官的社会地位,纠正少数干警的不正之风。在西方国家,法官的社会地位比一般公务员高,待遇与福利也比普通公务员优厚,一些国家甚至将法官的工资以法律形式规定下来。而在我国,法官的工资结构与普通公务员相同,虽然《法官法》规定了"法官的工资制度和工资标准,根据审判工作特点由国家另行规定,法官实行定期增资制度,法官享受国家规定的审判津贴、地区津贴、其它津贴以及保险和福利待遇"。可见我国对于提高法官的待遇福利是重视的,法官作为一个特殊的群体,掌握着对别人财产的裁判权,甚至是对个别人的生杀大权,但同时法官也是一个人,他(她)们在人群中,一样需要生活,一样有种种需求,如果法官能享受较高的待遇,所谓的"人情案""关系案""金钱案""权力案"等司法腐败现象都将大幅度减少直至消失,法官也必将会更珍惜自己所在的位置。但是,要执行这一条法律,如果没有充足的经费保障,还是无法落实。因此,建立独立的司法预算制度,实行国家单列财政拨款,保障法官享有优厚的待遇,对于抵制司法腐败,将是一项积极有效的措施。

第五,建立独立的司法预算制度,实行国家单列财政拨款,有利于保证拨给的经费能得到充分合理的使用,最大限度地发挥作用。当前,许多法院都面临着基础设施建设,办公现代化建设等更新换代的问题,而进行一切活动,都需要巨额的资金。笔者已从多方面进行分析单纯依赖于地方政府拨款的种种不妥,如果能够实行国家单列拨款,由最高人民法院统一计划,那样,在资金的利用率方面必定能得到大大提高,从财务的角度来看,也可以节省许多不必要的环节,使资金得到最有效的利用,避免不必要的浪费。

建立独立的司法预算制度,实行国家单列财政拨款,具体应当如何实行?纵观我国法院经费管理的发展,对于法院经费最主要来源之一的诉讼费的收支管理,其管理办法几经变更,大体上有三种模式:第一种是完全自收自支,法院收缴的诉讼费一概不上缴给其他部门,留作办案经费,在这种制度下,地方财政对于法院需负担的经费较少,但因此失去了宏观调控,有的法院因此而擅自用诉讼费滥发奖金,提高福利标准,造成了不平衡现象,犯了错误;第二种是按比例上缴,即基层法院留下一定比例的诉讼费作为办案经费,余下的再按一定的比例分别上缴地方财政和上级法院,在这种制度下,法院能够及时地得到办案经费,但是有的法院为了多留经费,隐瞒诉讼费的真实收入,或是多设收费项目,或是提高收费标准,也存在不少的问题;第三种是目前实行的"收支两条线",即法院收取的诉讼费全额上缴财政,由财政统筹后,再以"业务补助经费"的形式拨给法院,财政在统筹时,将法院上缴的诉讼费按比例分成,大部分回拨给基层法院,再将一定比例的诉讼费作为统筹基金,分配给较不发达的基层法院,这样,在办案经费的分配上,满足了发达地区法院的需求,又兼顾了不发达地区的法院。实行"收支两条线"使监督部门能够发挥监督的作用,根除了法院在收费上存在的种种问题。但是,实行"收支两条线"最大的缺点就是把经费的主动权完全交到财政部门手中,财政拨款是否及时、是否充足,会直接影响法院的审判工作能否顺利进行,使地方政府有条件对法院的审判工作进行干预、干扰,影响了法院的司法独立。因此,实行"收支两条线"虽然在目前经济变革日新月异的时期对于把有限的资金统筹安排,改善法院的基础建设和硬、软件建设方面起到一定作用,但在不久后的将来,会成为司法改革进程的一种阻碍。

因此,笔者认为,只有对"收支两条线"进行进一步完善,在"收支"的"支"上,建立起独立的司法预算制度,并立法给予保障,即将经费预算分为两部分,一部分由最高人民法院编制全国法院系统(包括普通法院和专门法院)全年的开支预算,而这个开支预算,则建立在各个法院年初预算的基础上,由各个法院每年所需的建设资金、人员经费组成。这部分的开支预算,在年初由最高人民法院上交国务院主管部门审核,单列入国家预算,报经全国人大批准,国务院主管部门保证按预算拨款。另一部分由办案经费构成,由于办案经费是随案件的多少而增减变动,属于不可预计因素,因此这部分经费由各级法院根据实际情况逐月按需向同级财政提出,同级财政用法院上缴的诉讼费形成专项经费,专款专用,限时拨给法院使用。专款的年终结余用于统筹,保证下一年度的经费。这既有利于充分调动各个法院的工作积极性和主动性,使经费得以充足的保障,又能体现其灵活性,使资金得到最有效的利用。也只有这样,才能建立起独立的司法预算保障制度,才能真正实现法院司法独立与司法公正,真正实现"法治"。

"三五"司改方案配合有关部门改革现行行政经费保障体制,建立"明确责任、分类负担、收支脱钩、全额保障"的经费保障体制;人民法院经费划分为人员经费、公用经费、业务装备经费和基础设施建设经费四大类,根据不同地区和人民法院的工作特点,确定各级财政负担级次和比例,实现人民法院经费由财政全额负担,落实"收支两条线"规定,杜绝"收支挂钩";根据中央确立的分项目、分区域、分部门的经费分类保障政策,配合有关部门制定适应人民法院实际情况的经费分类保障实施办法;改革和完善人民法院经费管理制度,提高管理能力和水平。

(三)后勤事务管理

一个法院审判业务的正常运转,离不开后勤物资管理和物质保障。法院作为一个完整的系统,其整体上履行审判职能,需要一系列保障条件,这就形成了法院的后勤事务管理制度。具体包括物质设施管理、档案管理、后勤服务等,这类管理职能存在于任何机关中。

1. 法院后勤管理的特性和要求

法院后勤管理的工作内容比较复杂,涉及物资采购、车辆管理、网络管理、清洁卫生、绿化管理、会务保障、食堂工作,等等,旨在为法院各项审判工作的正常运转提供物质上的保障;为人民群众到法院参与诉讼活动创造良好的环境。法院后勤管理工作直接影响到法院工作人员的精神状态、工作效率,并且关系法院的审判质量和人民群众对法院的印象。因此,人民法院的后勤管理工作在法院的整体工作中既是一个重点,也是一个难点。法院的后勤管理工作是一个复杂的系统工程,工作的核心就是服务,为审判业务的开展提供有力的物质保障,为法院工作人员创造一个良好的工作、学习、生活环境。

2. 建立直接管理和物业化管理相结合的新型法院后勤管理模式

法院的后勤工作管理模式,目前主要有直接管理和物业化管理两种。所谓"直接管理模式",就是由法院的专门内设机构即后勤管理部门直接管理法院的各项后勤工作。法院后勤管理部门的主要职责是管理,包括对人、财、物的各项管理。直接管理模式的优点在于:①安全性强。从事后勤工作的人员属法院招聘人员,只服务于法院一个单位,相对安全保密观念较强。②管理较具体、深入。由后勤管理部门直接干预后勤管理,使得管理工作能更细致展开。③可以解决一些法院干警子女、亲属的就业问题。但直接管理也存在着很多弊病,主要体现在:①人员管理难度大。由于大多是法院干警的亲属或子女,平时管理较难,特别是辞退时难度很大,甚至会招致法院一些干警的责难;专业素质不够强,工作不熟练。②管理人员数量要求多。目前各级法院后勤管理部门配备的人数均不多,如实行直接管理,势必增加大量的管理人员;费用支出较大,因为法院不仅要支付这些临聘人员的工资,还要考虑他们的奖金、福利及社会保险等。

所谓"物业化管理模式",就是法院将各项后勤工作委托社会上的物业公司进行管理,由物业公司具体管理其属下的人、财、物,并对法院负责,法院与从事后勤工作的人、财、物不直接发生关系,法院后勤管理部门的主要职责是监督。采用物业化管理的有利因素有:①管理人员精简。目前,各级法院配备的后勤管理力量尚可应付。②管理强度、难度减轻。后勤管理部门的工作重点在于监督工作和与物业公司的联系,不受各种关系的干扰,管理人员能放手监督管理。③从业人员专业素质强,工作效率高。④费用支出相对较少。由于物业公司安排从业人员,往往能兼职则兼职,一身多职,人员较少,相对开支费用也较少。⑤符合现代机关后勤社会化趋势。但物业化管理也有弊端,这主要在于法院的保密内容较多,故必须加强对后勤从业人员的安全保密教育,防止泄露审判秘密。

鉴于上述两种管理模式各有利弊,所以应充分发挥两种管理模式的各自优势,实行两种管理模式的有机结合,更好地为法院的后勤工作服务。对涉及安全保密内容要求较高和法院干警切身利益的后勤事物宜采用直接管理模式,如对食堂、车辆、网络等方面的管理;对一般性的日常后勤事物采用物业化管理模式,委托物业公司实行社会化管理,如清洁卫生、绿化管理、安全值班、水电空调电梯保养维修和会务保障。

三、司法独立与法院管理

现实中的法院运行离不开必要的法院管理活动，既需要通过审判管理确保自身司法审判职能的实现，也需要通过行政管理实现对自身运行所必需的一系列内部行政事务的管理。无论是法院的审判管理活动，还是法院的行政管理活动，都必须以实现法院的法定职能为根本目的，即履行法律赋予它的司法审判职能。确保司法独立既是法院审判管理和行政管理二维制度体系建设的基本前提，也是其建设的基本内容。

司法独立是司法权摆脱干扰专司裁判进而实现司法公正的制度基础，是司法权各项特性中最具有决定性意义的一项。西方国家普遍将司法独立作为一项基本法律原则写入宪法，并建立了相应的制度保障体系。[1]可以说"独立的司法是西方社会的最实质特点"，是西方民主和自由的基本保障。[2]相比之下，中国的司法独立则经历了并仍将经历一个漫长而曲折的过程。自1840年鸦片战争之后，伴随着西学东渐，一大批学者接触、接受、推崇进而传播司法独立思想。这其中既有维新改良派的严复、康有为，也有资产阶级民主派的章太炎；既有晚清修律大臣沈家本、伍廷芳，也有资产阶级民主革命家孙中山，他们可被看作近代中国司法独立的第一批布道者。然而由于种种原因，他们并没有突破旧中国司法的独断专横和重重黑幕，也没有实现真正意义上的司法独立。新中国成立后，司法独立曾一度陷入争论甚至遭到抛弃，时至今日，才在真正意义上达成共识。这也意味着我国的司法独立才刚刚起步，还有一系列的挑战需要面对。

虽然目前，在中国法院管理中，还未能从规范审判管理和行政管理关系

---

[1]　如1947年日本宪法第七十六条规定："所有法官依良心独立行使职权，只受本宪法和法律的约束"；1949年联邦德国基本法第九十七条规定："法官应独立行使职权，并且服从法律"；法国宪法第六十四条规定："共和国总统应当成为司法权力独立的保障者"；1947年意大利共和国宪法第一百零一条规定："法官只服从法律"；1997年俄罗斯联邦宪法第一百二十条规定："法官应当是独立的，并且仅服从俄罗斯联邦宪法和联邦法律。"

[2]　See Thomas E.Plank，The Essential Elements of Judicial Independence and the Experience of Pre-Soviet Russia，*William and Mary Bill of Rights Jaunnal*，Vol.5.1996.

的高度认识和处理司法独立问题，但是已经开始了对于如何加快推进司法独立的各种讨论。代表性的观点有四种：第一种观点认为，司法独立包括对当事人独立、职能独立、机构独立和内部独立①；第二种观点认为，司法独立包括裁判者的实质独立、法官的身份独立、法院的整体独立和法院的内部独立②；第三种观点认为，司法独立包括司法权的独立、司法主体的独立、司法行为的独立和司法责任的独立③；第四种观点认为，司法独立可分为外部独立和内部独立两个层面。④

在上述观点中，笔者认为第二种观点较为科学，也符合1982年印度国际律师协会第19届会议所通过的《关于司法独立最低标准的规则》，该规则将司法独立的最低标准概括为：法官的实质独立、身份的独立、整体的独立和内部的独立。

第一，法官的实质独立，即法官在执行职务时，除法律和良知外，不受任何干预。这可以看作司法独立的最高境界，"司法独立本身并不具有终极价值；它本身并不是一种目的，而只具有一种工具性价值，它的最终目的是为了保证法官公正无私的审理案件"⑤。就我国的实际而言，对法律绝对服从的理念得到一致认同，人民法院一直强调审判必须以法律为准绳，"法官除了法律就没有别的上司"，对此，人们并无异议。而对良知的认同并不乐观，其实良知对于法官断案来说是必不可少的因素，是对法官提出的更高要求。毕竟适用于一切的、理性化的、绝对公正的法律并不存在，它需要法官运用良知所创造出的能动空间去修补并接近正义，但它同时也增加了法官办案的风险。为了避免这种能动空间演变为践踏正义的黑洞，就需要不厌其烦地提高法官的职业素养和道德修养，而这正是目前我国法官所欠缺的。如何在良知和法律之间确立一个明确的标准与界限，进一步说，如何划定良知的界限并使其上升为制约司法独立的力量，成为科学而准确地理解司法独立的一

① 参见蒋慧岭：《我国实现独立审判的条件和出路》，《人民司法》，1998年第3期。
② 参见陈瑞华：《现代审判独立原则的最低标准》，《中国律师》，1993年第3期。
③ 参见谢晖著：《价值重构与规范选择——中国法制现代化沉思》，山东人民出版社，1998年，第490页。
④ 参见王利明：《司法改革研究》，法律出版社，2000年，第86页。
⑤ Mauro Cappelleiti, *Who Watches the Watchmen ?-A Comparative Study on Judicial Independence*, in Judicial Independence, Martinus Nijhoff Publishers, 1985, pp.550-557.

个长期为人们所忽视了的重要问题。学界和实务界只认识到了司法独立要求司法者唯法是从，独立于除了实在法以外的任何力量。其实，司法还不能独立于良知，否则，就不能称其为真正意义上的司法独立。

第二，身份的独立，即法官的职位及任期应有适当的保障，以确保法官不受行政的干预。身份独立是法官能够在实质上独立的基础。汉密尔顿曾说，对某人的生活有控制权就等于对其意志有控制权，这里的"意志"便是一种对法律和良知的理解。因此，不实行法官终身制和最低工资制，不可能实现司法独立。[①]身份独立作为一项制度性要求，其具体内容应当包括：法官不可以随意更换、免职和调离，法官的薪酬应有充分的保障，法官原则上的终身制，以及法官的专职制等。尽管这一制度性要求通常不能超出一国的社会经济情况和相应的政治结构，但就我国目前的实际情况而言，法官的人事任免和薪俸是应该而且也能够得到保障的。这两项是保证法官身份独立的最关键要求，如果这两项中的任何一项受制于相关政府部门，就不算真正意义上的司法独立。

第三，整体的独立，即法官作为一个整体，应与行政机关保持集体的独立。但实际上，法官作为一个整体还必须独立于立法机关、新闻传媒、大众舆论及其他的社会团体和个人。我国宪法对司法独立的规定就是一种整体独立，宪法第一百二十六条规定："人民法院依照法律规定独立行使审判权，不受行政机关、社会团体和个人的干涉"。但在我国，由于地方各级人民法院在审判资源（包括人、财、物）上受制于同级地方党委和政府，因而导致"司法权地方化"，地方各级人民法院丧失了作为国家审判机关应有的中立性而沦为保护狭隘的地方利益和被部门利用的司法工具，形成所谓"地方司法保护主义"，严重制约了法院的整体独立。

第四，内部的独立，即法官在履行审判职能、制作司法裁判的过程中，应当独立于其同事和上级法院的法官。这可以看作对法官实质独立的补充。司法审判归根到底是法官的个人行为，因为这牵扯相应的责任激励和追究机制，而法官对成就感的满足和对惩罚的顾忌又会进一步促使其不断提高业

---

① See L. Ralph Mecham, *Introduction to Mercer Law Review Symposium Federal Judicial Independence*, 46 Mercer, Rev, 1995. pp.637–638.

务素质和道德修养以达到审判时的完美境界,从而形成良性循环。就我国实际情况而言,审委会和合议庭的存在用集体审判代替个人审判,人为地为法官独立于同事制造了障碍,打乱的原本应该明晰的责任机制。尽管不可否认当前法官的整体素质还达不到独立的水准,但限制法官个人审判权的做法更不可取,唯有将审判权逐步交到法官个人手中,从而落实法官的责任制,进而促进法官整体素质和审判质量的提高。此外,法院上下级之间的行政化设置,使得下级法院很难拒绝来自上级的干涉,导致上下级的审级分工设置变得毫无意义。

通过分析不难看出,司法独立的四个最低标准在我国的实施现状都不容乐观。要扭转现状,必须进一步推进司法改革,重塑司法独立。当前应重点做好以下三方面工作:

第一,在法官职业培训中着重强调"良知审判"的理念,为司法独立创造思想基础。为了重塑司法独立,必须为"良知审判"创造可行的制度空间。良知的运用应以案件的公正审判为目的,非因此,不得为之。这需要我们在制度设计上对法律和良知的标准、界限以及对司法公正的含义作更透彻的诠释,从而在法律之外、良知之内为我们寻求司法裁判的公正解读。

第二,从地方法院的设置上尽量避免"法院地方化",即使地方各级人民法院的审判资源独立于地方,这是实现法官个人独立和法院整体独立的根本性制度保障。对此,可以考虑建立垂直领导于中央的人民法院系统,或者根据经济、文化关联程度设立跨几个行政区域的较大的司法管辖区域,从而对司法的地方保护主义形成有效超越。

第三,加强保障法官个人独立的管理制度建设。首先,需要改革法院内部的行政化管理模式,使法官摆脱院长、庭长、审判委员会甚至上级法院间的上下级领导依附关系,摆脱案件审理院长、庭长审批带来的不必要干扰,从而实现法官的内部独立;其次,必须保障法官的升迁、任免和调离不得随意作出,改善法官的待遇,增强法官职业的荣誉和成就感,促进法官职业能力的持续提升,进而为法官个人独立提供相应的能力保障。司法最关键的因素是法官,当前司法改革中最缺乏的恰恰也是法官。有人提出可以从有经验的优秀律师中引进人才,作为法官后备力量,以解燃眉之急,但如果法官不能获得"足够"的社会和经济地位,这一引援计划的作用将十分有限。而严把司法考试关,尽管可以在将来为我们作好人才的储备,但远水解不了近渴。当前,司法人员整体职业素质偏低已成为司法独立改革路上最主要的绊脚石,而改革的不彻底,又反过来制约了法官整体素质的提高,形成一个恶性循环的怪圈。对此,我们不妨进一步挖掘现有资源,在对法官放开手脚的同时,通过有效的司法监督机制对其进行制约。司法独立与司法监督共同的价值在于实现司法公平、正义,它们是司法公正的两翼,共生于一体,缺一不可。

四、司法公正与法院管理

司法公正是法院管理追求的永恒的、最终的目标,也是民众对司法的真正期待。管理的价值追求是效率、速度和秩序,法院管理虽然也存在同样的价值追求,但其宗旨始终是要为法院审判服务,为实现司法公正的最终目标提供有力保障。树立以审判为中心的理念,这要求人民法院的各项管理都要围绕审判这一中心进行。在司法实践中,司法公正原则具体表现在实体公正、程序公正、历史公正和形象公正四个方面:

(1)实体公正,是指在司法活动中,要严格依照宪法和法律,对诉讼当事人的实体权利和义务关系作出公正的裁决或处理。

(2)程序公正,是指诉讼活动的过程是透明、公开的,以保证诉讼参与人在诉讼过程中所受到公正的对待,其权利主张机会得以公正实现。

(3)历史公正,体现了案件处理的法律效果与社会效果的完美统一,是现实标准和历史标准双重评价下的完美状态。司法活动既要考虑当事人的司法需求,也要尊重国家、社会对司法工作的评价。司法审判的社会效果,应服务于国家和社会的大局。司法审判应立足于维护社会的整体利益,使判决通过解决权益纠纷,切实维护社会稳定。

(4)形象公正,是指参与诉讼的当事人或公众,通过切身参与司法活动所感受的人民法院及法官在司法审判过程中呈现的公正形象。在具体司法活动中,形象公正内化于法官的职业素养中,法官应秉持公道、公正的职业准绳,以自身队伍的形象公正,提高法院和司法活动的公信力。

(一)司法公正与效率的辩证关系

公正与效率是一对既相互关联又相互矛盾的法律价值范畴。公正是司法的最终目标,效率是实现公正的必要手段,效率服从于公正。正如美国当代著名法哲学家约翰·罗尔斯(John Rawls)所说,正义之于制度犹如真理之于思想。那么公正之于司法亦犹如真理之于理想。①法律面前人人平等,司法公正,从古至今,从东方文明到西方文明,自有法律以来就是司法权运行的一个永恒的主题、一个至高无上的价值追求。美国著名法官本杰明·N.卡多佐(Benjamin N. Cardozo)曾指出,法律作为社会控制的一种工具,最重要的是司法的作用。②而司法之关键则在于司法权的公正行使,"只有当法律完全被法院公正地作出解释后适用时,法律才会被社会的大多数成员所接受"③。

(二)公正是司法的最终目标

对于"公正"这一法的范畴的理解,是仁者见仁、智者见智的,它具有多方面、多层次的含义。古希腊智者亚里士多德从社会伦理学角度对公正作了注解,他认为,"在各种德性中,惟有公正是关心他人的善。因为,它是与他人相关的,或是领导者的身份,或是随从身份造福他人","这种公正就是为了自足存在而共同生活,只有自由人和比例上或算术均等的人之间才有公正,对于那些与此不符的人, 他们相互之间并没有政治的公正而是某种类似的公正"。④在这里,亚里士多德把公正寓于"平等"之中。一方面,他把平等作为公正的尺度;另一方面,他又承认真正优越的人的统治,所谓相等的东西给予相同的人、不相等的东西给予不相同的人。

美国学者罗斯科·庞德(Roscoe Pound)认为:"在伦理上,我们可以把它看成是一种个人美德或是对人类的需要——或者要求的一种合理、公平的满足,在经济上和政治上,我们可以把社会正义说成是一种与社会理想相符合,足以保证人们的利益与愿望的制度;在法学上,我们所讲的执行正义(执行法律)是指在政治上有组织的社会中,通过这一社会的法律来调整人与人之间关系以及安排人们的行为; 现代法哲学的著作家们也一直将它解释为人与人之间的理想关系。"⑤罗尔斯认为,正义的对象是社会的基本结构,即用来分配公民的基本权利和义务、划分由社会合作生产的利益和负担的主

---

① See John Rawls, *A Theory of Justice*, Harvard University Press, 1977, p. 3.

② See Cairns. H, The Theory of Legal Science, *The American Jurisprudence Reader*, p.148.

③ Henry J. Abraham, *Judicial Process*, Oxford University Press, 1998, p, 1.

④ [古希腊]亚里士多德著:《尼各马科学理》,苗力田译,中国社会科学出版社,1999年,第90页。

⑤ [美]罗斯科·庞德著:《通过法律的社会控制——法律的任务》,沈宗灵译,商务印书馆,1984年,第55页。

要制度。他说："在某些制度中，当对基本权利和义务的分配没有在个人之间作出任何任意的区分时，当规范使各种对社会生活利益的冲突要求之间有一恰当的平衡时，这些制度就是正义的。"①"我们可以这样说，在作为公平的正义中，正当的概念是优先于善的概念的。一个正义的社会体系确定了一个范围，个人必须在这一范围内确定他们的目标。它还提供了一个权利、机会和满足手段的结构，人们可以在这一结构中利用所提供的东西来公平地追求他们的目标。"②也就是说，在罗尔斯看来，公正或正义就是如何将权利、权力、义务和责任公平地分配给一个社会或群体的每个成员的合理状态。

司法公正"是要在司法活动的过程和结果中坚持和体现公平与正义的原则"③，实现社会公正是法的基本价值和重要任务之一。正如马库斯·图留斯·西塞罗（Marcus Tulius Cicero）所说的："在我们的祖辈那里，为了能够享受公正，人们总是立道德高尚之人为王。要知道，人们平时由于受到势力强大的人们的压迫，他们便求助于某个德性出众之人，上帝为了保护弱者免受欺凌，便建立平等制度，以使地位崇高的人们和地位低下的人们享有同样的权利。制定法律的原因与拥立国王的原因是一样的。"④

在现代法治社会中，司法审判作为解决社会诉讼争议的司法活动，即法院通过准确适用法律，裁判具体案件，在当事人之间合理地分配司法资源，从程序上、实体上体现对双方当事人权利和利益的平等保护的司法过程。正因如此，司法必须以公正为价值取向和追求的根本目标。因此，司法公正是人类进入文明社会以来，为解决各类社会矛盾和冲突而追求或固有的一种法律思想和法律价值评价。司法公正是实现依法治国的根本条件和重要保证。"司法公正就是国家司法机关在运用特定职权处理各类案件的过程中，以公道正直的态度对待案件参与各方，严格遵循和依照法定程序（即坚持程序公正），公平正确地确认和分配具体的权利义务（即实现实体公正），且具有良好的社会正义效果，经得起历史的考验。"⑤

---

① ［美］约翰·罗尔斯著：《正义论》，何怀宏等译，中国社会科学出版社，1988年，第5页。
② 同上，第30~31页。
③ 何家弘：《司法公正论》，http://www.fl365.com，2009年8月20日。
④ ［古罗马］西塞罗著：《论共和国·论法律》，王焕生译，中国政法大学出版社，1997年，第189页。
⑤ 陈灿平：《司法公正内涵新议》，《法制日报》，2002年1月27日。

司法公正分为实体公正和程序公正。"实体公正是指法律分配人们之间的权利和利益的结果是公正的,程序公正是指对权利和利益分配的过程和分配方式是公正的。"①实体公正的前提是认定的案件事实正确。但由于诉讼是一种由已知证据推断、还原已经发生的事件,法官并不能完全重复或恢复案件发生时的所有细节,案件的事实是很难完全无误"准确认定"的。我们所讲的"事实"是"法律事实",即只是通过证据证实的"事实",并不见得是完全复原已发生的事件,不是哲学上讲的"客观真实"。因此,对实体公正的追求是无法完全实现的,只是相对的公正。司法裁判的过程也只能要求无限接近客观真实而已。正如日本学者谷口安平教授所指出的:"实体正义一般并不像分蛋糕的事例中表现得那样单纯,而是很难实现的、能显示'应当如此'的一种指标……人类的认识和实践能力有限,且什么是实体的正义也并不总是明明白白的,于是妥协成为必要"②。

"程序公正"是指国家司法审判权在运行过程中所制定的"游戏规则"是公平、合理与公正的。程序公正与否是评价司法是否公正的一条重要标准。司法程序公正的实质在于参与诉讼的当事人之间的程序性权利义务的分配是合理、公平和适当。当代英国著名大法官阿尔弗雷德·汤普森·丹宁(Alfred Thompson Denning)勋爵曾指出:"法律的正当程序"是指"法律为了保持日常司法工作的纯洁性而认可的各种方法:促进审判和调查公正地进行,逮捕和搜查的适当采用,法律救济顺利地取得,以及消除不必要的延误等"。③

徐显明提出:"司法公正可以从程序公平、实体公正和制度正义三个理论层次进行阐释。三者中,程序公平是司法公正的逻辑起点,注重的是诉讼过程的公平;实体公正注重的是诉讼结果的公平,其获得与实现是以制度正义为假设条件的;制度正义则是判断程序与实体正义的更高层次的价值。倘使制度不正义,即便程序公正也不足以保证实体公正。"④还有学者将实体公正理解为"审判结果的正确性,其本质内涵就是把实体法律规范所确立的一般公正,通过审判转化为对个人、个案处理的公正,即一般公正的个别化、具

① 陈晓燕:《简论司法公正及其实现条件》,《光明日报》,1999年10月22日。
② [日]谷口安平著:《程序的正义与诉讼》,王亚新、刘荣军译,中国政法大学出版社,1996年,第3页。
③ [英]丹宁著:《法律的正当程序》,李克强、杨百揆、刘清安译,群众出版社,1984年,第1页。
④ 徐显明:《何谓司法公正》,《文史哲》,1999年第6期。

体化和实体化"①。何家弘教授则认为:"司法公正可以分为实体公正和程序公正以及整体公正和个体公正。"②就实体公正和程序公正而言,"前者是司法公正的目标,是司法系统所产生的最终'产品'的公正,后者则是实现司法公正的保障,是该'产品'生产过程的公正;就整体公正与个体公正而言,则是一个司法公正的定位和取向问题,两者是密不可分的。司法公正必须立足于个体公正,并进而求得整体公正"③。此外,还有学者认为,应根据世界范围内所普遍采纳的共同标准来确立司法公正的内容。如在1998年10月5日我国签署的《公民权利和政治权利国际公约》中,规定了加强司法独立,强调无罪推定,禁止双重追诉等原则,这些都是对司法公正的最低标准的规定,应当按这些标准确立司法公正的内容。④可以说,以上观点都从不同的角度提出并阐释了司法权的公正性问题。

还有学者认为,司法公正还包括形象公正。⑤所谓"形象公正",是指司法人员的执法形象必须公正,也就是说司法人员在执法的过程中,除了要严格按照实体法和程序法的规定处理案件,在言行上还要符合司法人员的身份。否则,就会妨害司法公正的实现。也就是说,让老百姓亲身感受到执法者(法官)的行为做派、言谈举止体现出执法的文明,让诉讼参与人有尊严地、体面地享受诉讼的服务。

(三)效率是实现公正的必要手段

司法效率是衡量司法活动的法律经济价值的量化指标。它是指单位时间内司法活动取得的司法效果与投入的司法资源之间的比率,即在司法活动中以投入最少的司法资源的消耗和当事人诉讼成本(包括诉讼时间的耗费)来获得司法价值目标和效果最大程度的实现。司法效率要求人民法院和法官履行司法职责时,认真、及时、高效率地工作,尽可能地缩短诉讼期限,降低诉讼成本,力求在法定期限内尽早结案,取得最大的法律效果和社会效果的有机统一。这就要求在司法制度设计中,要合理配置司法资源,避免程序烦琐、诉讼拖延、耗费过大,给当事人以合理的预期。这里应包括两个方面

① 王盼等著:《审判独立与司法公正》,中国人民公安大学出版社,2002年,第176页。

②③ 何家弘:《司法公正论》,《中国法学》,1999年第2期。

④ 参见:《关于司法改革、司法公正及司法独立》,《法学前沿》(第3辑),法律出版社,1999年,第44页。

⑤ 参见赵小锁:《实体公正、程序公正和形象公正》,http://www.snweb.com/gb/people,2008年4月25日。

的内容:一方面是指诉讼的高效而不迟延、拖沓;另一方面指尽可能节约诉讼成本,提高诉讼效益。

西方经济学家认为,效率的产生基于这样一组矛盾,即人的欲望和需要是无限的,而现实世界能够提供或满足人类需要、欲望的资源和方式却是有限的。这种有限性表现为三个方面:第一,客观上能够提供的物品是有限的,一定的经济资源只能提供一定的产品;第二,时间是有限的,生命是有限的,在有限的时间内,不可能使一切欲望或需要都得到满足;第三,由于一定的欲望或需要的满足要以他人提供的劳务为前提,而他人提供的劳务是有限的,因此满足人的欲望或需要的方式也是有限的。①因此,人类面临的最大问题是如何以有限的资源和方式来最大限度地满足人们的欲望和需要,这就是所谓的"效率机制"(Mechanism of Efficiency)问题。在这里,经济学家从经济学的角度把经济效果最终理解为"满足人们的欲望和需要",考察经济效率高低的几个方面包括"效果""时间""资源"以及"资源的投入方式"。"效率"是一个表征投入与产出关系的经济学概念,它"是指投入与产出或成本与收益之间的对比关系"。"效率"概念包括三个制约因素,即投入、制度和管理。②至此,我们认为,"效率"是指单位时间内取得的效果与投入的资源之间的比率。衡量效率高低的标准是看其是否利用一定的资源(包括一定的社会政治资源、法律资源、文化资源等)生产出了最大量的产出,或者反过来说,看其是否在获得一定量的产出时实现了"成本最小"。效率是法律作用的目标之一,也是评价法律作用积极与否的标准之一。它是从功利的角度对法律提出要求并作出判断的。所以在这里,"效率"是指法律应该有助于生产力发展、社会财富积累和社会进步。从这个意义上说,"任何法律都必然追求效率"③。

(四)司法公正与司法效率的关系

公正和效率是法院管理所追求的两个基本目标。在一定条件下,司法公正与司法效率存在着内在一致性。庞德曾经说过,正义"意味着那样一种关系的调整和行为的安排,它……能在最少阻碍和浪费的条件下尽可能多地

---

① 参见厉以宁等编著:《现代西方经济学概论》,北京大学出版社,1983,第6页。
② 参见李龙主编、汪习根执行主编:《法理学》,人民法院出版社、中国社会科学出版社,2003年,第241页。
③ 徐显明主编:《法理学教程》,中国政法大学出版社,1999年,第352页。

给予满足"①。因此,司法活动必须遵循社会正义原则,而司法效率与司法公正都是其追求的价值目标。对此,理查德·艾伦·波斯纳(Richard Allen Posner)也曾指出:"正义的第二种意义,简单地说来,就是效益"②。实际上,他将效益和正义视为同义词。总之,从这一角度看,司法公正与司法效率是一致的,法院管理的二维制度体系构建,应兼顾公正与效率两大价值目标,并且以公正统帅效率,以效率促进公正。

1. 公正与效率命题提出的法治背景

公正与效率作为一个法治化的命题,它的提出与其所处时期的法治背景密切相关。从新中国成立以来,特别是改革开放以来我国法治发展的进程来考察,我们不难发现,公正与效率的观念作为一种法治观念只有在法治发展的一定阶段才可能出现。因此,从一定意义上说,公正与效率观念的提出也是我国法治发展水平的一个标志。

新中国成立以来一直到改革开放以前,我国法治的发展虽有过一段短暂的辉煌时期,但很快出现了灾难性的反复。改革开放之初,百废待兴,法治的发展在理论上也还存在一个正本清源、拨乱反正的问题,尚无暇顾及司法的公正与效率。我们从1985年以前法院的文献资料和从1985年开始到1994年以前的最高人民法院工作报告中基本找不到公正与效率的概念,这一时期的正式提法是"严肃执法"。实际上,在整个80年代到90年代初的十多年间,中国的法治发展还仅仅限于理论的探讨,实践中也没有出现促使法治发展变化的契机。因而,这一时期司法机关的审判观念还只是停留在"严肃执法"上。显然,"严肃执法"的概念并不具有严格意义上的法治含量,它至多只体现了有法必依、执法必严和违法必究的法制原则。1994年的最高人民法院工作报告,在严肃执法的前提下,第一次出现了"公正审判"的提法。1996年的报告中开始提到"提高办案质量和效率",并且在严肃执法的前提下第一次使用了"司法公正"的概念。1994年到1996年的变化是值得注意的:在严肃执法的前提下开始出现"公正""效率"的提法。这是因为在中国法治发展的

---

① ［美］罗斯科·庞德著:《通过法律的社会控制/法律的任务》,沈宗灵、黄世忠译,商务印书馆,1984年,第35页。

② 转引自顾培东:《效益:当代法律的一个基本价值目标》,《中国法学》,1992年第3期。顾培东认为波斯纳用效益取代正义的主张显然过于极端,恰当的看法是承认正义(或公正)与效益双重目标的存在,且使之形成互补。

实践中产生了两个重要的契机:一个是1993年3月八届全国人大一次会议通过关于"国家实行社会主义市场经济"的宪法修正案和1993年11月党的十四届三中全会通过的《关于建立社会主义市场经济体制若干问题的决定》。宪法修正案和党的中央全会决定在确定市场经济体制的同时也提出了系统的法制要求,学术界也由此引发了"法制(法治)经济"的讨论。"公正"与"效率"的概念随着我国市场经济的脚步堂而皇之地迈上了中国司法的殿堂。另一个重要的契机是1996年八届全国人大四次会议制定的国民经济和社会发展"九五"计划和2010年远景目标,明确提出了在21世纪初建立社会主义法治国家。这就使得"公正"与"效率"这两个市场经济条件下的通行概念随着"法治国家"的提出而具有了法治的意义。

从1996年开始,最高人民法院工作报告中的提法发生了显著变化:第一,"严肃执法"不再是"司法公正"的前提;第二,司法公正也不再仅仅是一种执法方式,而成为"人民法院工作的出发点和落脚点";第三,"公正"和"效率"的概念同时出现,相提并论。这些变化的意义由此可见一斑。第一次将"公正"与"效率"提到人民法院工作的世纪主题这个高度的正式法律性文件则是,2001年3月九届全国人大四次会议通过的最高人民法院工作报告。"公正"与"效率"的概念在1996年以后的变化是基于中国法治发展过程中的两个重要的历史事件:首先是1997年,在党的第十五次全国代表大会上,党第一次明确提出了"依法治国,建设社会主义法治国家"的政治主张。在党的十五大报告这个跨世纪的纲领性文件中,对"依法治国"的概念第一次作出了完整的、科学的界定。党的十五大报告指出:"依法治国,就是广大人民群众在党的领导下,依照宪法和法律的规定,通过各种途径和形式管理国家事务,管理经济文化事业,管理社会事务,保证国家各项工作都依法进行,逐步实现社会主义民主的制度化、法律化,使这种制度和法律不因领导人的改变而改变,不因领导人的看法和注意力的改变而改变。"[①]这一界定,就其内涵的实质而言,正是对"法治"的诠释。在执政党的政治纲领中对"法治"的这种宣示,表明了在中国,法治已经开始从法学家的书本和讲坛中走出来,真正成为一种治国方略。执政党法治观念的这种历史性突破很快得到了国家最高权力机关的回应。其次是1999年3月,全国人大常委会根据中共中央的建

---

① 《江泽民文选》(第二卷),人民出版社,2006年,第28~29页。

议提出了修改宪法的草案交由九届全国人大二次会议审议。新的宪法修正案在宪法的第五条增加了一款，即"中华人民共和国实行依法治国，建设社会主义法治国家"。修正案以绝对多数获得了通过，从而使得法治原则成为一条重要的宪法原则被赋予了最高的法律效力。而"公正"与"效率"作为一个完整的司法理念和人民法院工作的世纪主题也正是在这样的法治背景下提出的。可以说，这也是中国法治发展到今天的一个必然结果。

2. 司法公正和司法效率是辩证的统一

（1）司法公正与司法效率具有统一性

从一般角度考究这两大价值目标，似乎它们之间不存在任何关联。司法公正是人们在正当性层面对司法活动提出的要求，而司法效率则是人们在效率层面对司法活动提出的要求。但在实际司法活动中，人们之所以常常将二者进行关联，是因为二者在本质上具有内在的统一性。并且，司法效率本身也应该是司法公正的应有之意，如果权益纠纷不能及时得到解决，那么权利未被维护的不确定状态和秩序的被破坏状态都将继续延续，实际造成了社会公正的缺失。因此，"对纠纷的解决不仅应当是公正的，而且应当是尽可能迅速、快捷，在这里，效率就意味着公正的迅速实现"①。英国法律古谚云："迟到的正义即是非正义"（Justice delayed is justice denied）。司法裁判的目的是为了维护社会公正，为了达到这个目的，司法裁判的结论必须是公正的，而司法裁判的程序性也必须是公正的。在程序公正的问题上，一个重要问题是必须及时作出司法裁判并将这个裁判告知当事人。过于拖延作出裁判，或者过于迟延告知当事人都是不公正的，因此也是非正义的。在司法领域，迟来的正义会给当事人造成各种法律上的损害。这也就是说诉讼活动所追求的基本价值既包括司法公正，即裁判结果的公正，也包括司法效率，二者应该是有机的统一。法乃公器，自当体现出公信力，然而在现实中，各种各样的案件由于司法程序上的人为因素或者法律本身设计上的缺陷，使得公民的维权成本增加、法律的公信力大大降低。公正与效率目标的确立，不仅是提出一个口号和观念，而且是在认识到司法工作的性质和内在规律的基

① 王利明教授指出："任何一套法律程序，之所以是公正的，在很大程度上是符合效率原则的，至少和这一原则是不冲突的。"参见王利明著：《司法改革研究》，法律出版社，2000年，第76页。正是在这一意义上，有论者认为，效率与公正、秩序或自由等价值目标是竞合的，人们对效率的追求实际上也是对公正、秩序和自由的追求。参见李文健：《刑事诉讼效率论》（上），《政法论坛》，1997年第5期。

础上,对司法改革和司法工作本身的深层理论问题的研究提出了更高的要求,对司法改革的各个方面和具体制度的设计。在这一意义上,对于司法公正和效率的追求,将迫使我们把司法改革作为一个系统工程来看待,从而避免过去"摸着石头过河"的零打碎敲状况。对此,波斯纳曾指出,正义意味着一种制度,意味着一种关系的调整和行为的安排,它能满足人类对享有某些东西和做某些事情的各种要求的手段,能在最少阻碍与浪费的条件下尽可能地给予满足,正义的第二种含义——也许是最普通的含义——是效率。

在某种意义上说,司法效率的目标就是以最经济的方式实现司法公正。诉讼活动追求的基本目标之一就是司法效率,因此司法效率本身就体现着司法公正的价值目标,低效率的公正和不公正的效率都是违背司法价值追求的。司法公正的实现,依赖于严格的法定程序规则,需要通过及时、有效的诉讼过程得以实现。如果司法公正的实现需要付出高昂的诉讼成本,诉讼活动本身也就有悖于公正了。司法效率的内在价值要求,是在充分保证司法公正的前提下,确保当事人和其他诉讼参与人能以较少的时间和费用,通过公正审理达到诉讼目的。如果审理的结果背离公正,那么审判活动也就无效率可言了。在这一意义上,司法公正包含着司法效率。在实际司法实践中,在片面追求"破案率""结案率"等情况下,出现了大量背离司法公正的现象,甚至出现刑讯逼供、司法腐败等现象,导致出现大量的错案、冤案,这实际是忽视司法公正,片面追求司法效率的结果。

(2)司法公正与司法效率的对立性

司法公正与司法效率不仅具有统一性,而且在某些情况下还存在着价值冲突与矛盾。这是因为:首先,这两个概念本身的含义是不同的,如前所述,"司法效率"是指在单位时间内司法活动取得的司法效果与投入的司法资源之间的比率;"司法公正"是指在司法活动过程中,执法人员(法官)所坚持的公道正直的待人态度、公平正确的处事标准以及司法活动结果体现的公平正义的原则。其次,这两种司法活动所追求的价值目标及其价值属性也有一定的差别。如在具体的司法诉讼活动中,当人们强调提高司法效率时,虽然也包括提高诉讼效果的方面,但更重要的是强调如何在确保诉讼效果的前提下,在诉讼过程中节约司法资源、提高办案效率。当人们强调司法公正时,虽然也包括在诉讼过程中待人、处事公正,但更重要的是强调坚持程序公正以确保实体公正,也就是诉讼效果的公正。可见,司法效率侧重于强调司法活动的过程价值,而司法公正则侧重于强调司法活动的结果价值;司法公正侧重于强调结果好,司法效率侧重于强调实现结果的过程好。再次,两者表现特征也是不同的,司法效率主要表现为设计合理的司法程序使司法资源得到优化配置、合理利用,使司法程序运作加快、周期缩短,它表现的是司法的经济合理性,而司法活动周期的长短,国家投入的人力、物力和财力等的多少是可以用一定的标准来衡量的,即司法效率具有明确的可比性。而司法公正主要的体现形式并不是物质性效果,而是包含秩序、自由、权利等多方面因素构成的结果状态。显然,这种结果状态主要是精神性的,是人们内心的一种感受,而不能简单地用物质性标准来衡量。所以,"对司法主体及对象欲望或需要的满足程度就成为衡量效果好坏的尺度,司法公正具有模糊的相对性"①。

为实现诉讼结果的合法性,司法公正在客观上要求司法制度的构建必须有利于揭示事实真相,并且在客观事实证据的基础上,正确地适用法律的相关规定,以实现权益纠纷的公正解决。因此,"无论采取何种法制,司法资源都是'有限的',不可能无限制地扩张"②。但是,在实践中,探究事实真相需要一个逐步的认识过程。人类的认识本身就是一个不断深入的发展过程,因而对司法公正的理想追求也必然要经历一个不断发展的过程。在这一点上,司法公正与司法效率有着明显差异,司法公正追求一种理想的、永恒的正义;而司法效率却要求司法制度能够在最短的时间里对现实的诉讼纠纷作出公正判决。理想的司法制度构建应平衡司法公正与司法效率之间的关系,寻求一个既能实现多数人认可的司法公正目标,也能保证较高的司法效率。美国联邦第九上诉法院法官贝迪·弗莱彻(Brady Fletcher)曾指出:"我们对法院体系的根本期望是它能公平对待所有当事人……当然,我们同时还要求在使用法院资源上——即使用时间、金钱、精力、智力上——提高效益。"③对于司法而言,公正与效率是它的最高价值和永恒的主题。而作为一种司法理念和司法的行为模式,公正与效率始终是以法治为基础的,为法治所保障的,它是法治所追求的一种价值目标,也是法治的一种必然结果。正如最高

---

① 李文健:《刑事诉讼效率论》,http://www.fl365.com,2009年6月28日。
② 林钰雄著:《刑事诉讼法》(下),中国人民大学出版社,2005年,第197页。
③ 参见[美]贝迪·弗莱彻著:《公平与效率》,熊丽霞译,转引自宋冰编:《程序、正义与现代化》,中国政法大学出版社,1998年,第438页。

人民法院原院长肖扬所说,公正与效率,这是一个法治化的科学命题。

公正是司法亘古不变的灵魂和生命。在这种思维定式的影响下,人们习惯于把司法定位于解决社会冲突、使社会达到公正目标的重要手段和路径,且法学家们及法律实践者们长期以来也把司法的作用限于提供公正。但是,人们逐渐发现,当司法制度仅仅为追求公正而付出太多代价时,公正也就不称其为公正了。所以说公正与效率这对"孪生子"也会产生争执。在建立这一矛盾最佳结合的过程中,我们既要设立公正和效率的统一标准和原则,寻求两者的结合点,也要认识到上述标准和结合点并非一种僵死不变的公式,而是一种辩证的、因时因事而异的、需要创造性的裁量权灵活处置的原则指引。在不同类型的案件中,在不同的情况下,司法对于公正和效率的侧重也有不同。因此,公正和效率说起来容易,真正从理论上论述清楚,从实践上建立各种保障制度,以求实现公正和效率的完美结合,则是一项艰苦细致的长期任务。因此,效率这个人类经济活动的目标,与公正一起成为现代司法理论和实践共同研究和探讨的课题。

(3)辩证统一

司法所追求的最终和最高目标是公正,提高司法效率是实现司法公正的必要途径。在司法公正和司法效率二者中,司法公正占据着主导地位。只有司法活动保证了公正性,才能谈得上是有效率的;不公正的裁判,其自身是无效率可言的。也就是说,公正是司法的最终和最高目标;效率是通过司法实现公正的最佳状态。在保证公正的前提下,效率是司法的内在追求之一,如果失去公正,效率也就没有意义,在这一意义上,公正是第一位的。当然,在司法效率普遍低下的时期和地区,效率作为第一位的追求也是应该的。公正和效率之间的相互依存和补充的密切关系是主导方面,也就是说,两者密不可分。我们不会认为仅仅追求正义而不顾效率会真正实现法治;反过来,也不会认为仅仅追求效率而不顾正义与否是正常状态。可见,没有效率的正义是延误或虚幻的正义,而没有正义的效率则是恣意的效率。因此,司法活动必须在保证公正的前提下,再去追求司法效率。一方面,如果诉讼的过程和结果保持了公正,就能避免不必要的申诉、抗诉等,从而降低因再审等重复诉讼造成的司法资源浪费;另一方面,在保证公正和办案质量的前提下,合理追求提高诉讼效率,可以使当事人避免因诉讼时间的拖延而带来的不便等。

离开公正,司法的秩序实际只能是暴政的秩序,是没有合法性基础的,必然会走向灭亡。在法院实践中,适当地提高诉讼的效率,有利于更好地实现司法公正,但不能过于片面地强调司法效率,特别是不能以牺牲公正为代价来实现所谓的"司法效率"。对此,罗尔斯曾指出:"正义是优先于效率的……一致性仅仅在一个完全正义同时也有效率的体系那里达到"①。

五、法院管理的价值冲突及其协调

如前所述,法院审判管理追求的是实现司法公正;而法院行政管理则追求高效、令行禁止、服从等目标。因此,法院管理与一般意义上的行政管理在价值追求上有着本质区别。履行司法审判职能是法院的根本职责,这决定了它追求行政管理效率的一个重要前提条件是,要首先保证司法审判工作的公正性。

(一)法院管理的价值冲突

在法院实际运行中,追求司法效率与司法公正在客观上存在着价值冲突。

首先,追求司法效率有时会限制司法实体公正的实现。例如,在刑事诉讼活动中,为了实现较高的司法效率,对于刑事诉讼的周期和司法资源的投入等都有着严格的限制,对于侦查中的羁押、一审、二审等都有时间期限的规定。在侦查环节,对于限制犯罪嫌疑人的人身自由有着明确的期限规定,超过期限必须释放犯罪嫌疑人或变更强制措施,这一规定有时会为犯罪嫌疑人提供了逃避侦查或以其他方式阻挠侦查的机会。同样,由于国家对司法资源的投入是相对有限的,故而审判机关无法做到为了查明某一特定疑难案件的实际情况,而无期限地开展法庭调查。因此,为了保证较高的诉讼效率,法院有时不得不放弃对案件的实体真实的追求。

其次,追求司法程序公正在一定程度上限制了司法效率的提高。程序公正的要求包括:审判过程的公开性、控审分离、审判中立、控辩平等和当事人尤其是被告人充分参与诉讼的权利保障等。不难看出,程序公正性越强,程序的烦琐和复杂程度就会相应地提高,不仅要求人力、物力等司法资源的投入增加,而且必然会导致诉讼过程的延长,甚至导致过度拖延或案件积压。正

---

① ［美］约翰·罗尔斯著:《正义论》,何怀宏等译,中国社会科学出版社,1988年,第80页。

如弗里德里奇·哈耶克(Friedrich August Hayek)所讲的:"法官的职责仍在于通过对妨碍或侵扰秩序的行为进行矫正,以维护一种不断展开的行动秩序。"①

基于以上两点,司法效率与司法公正的冲突和矛盾在所难免。在司法效率与司法公正的冲突方面,如果处理不好,将导致严重的后果。中国曾有过教训,在20世纪80年代初期,由于改革开放,社会发生重大变革,社会各方面和人们的思想都有很大波动,导致社会治安秩序状况不佳,为了遏制犯罪浪潮的高涨,"从重从快严厉打击犯罪活动",我国政府制定了"严打"刑事政策。它不仅在一定程度上允许一些行政、司法机关突破权限,如没有侦查权的行政机关被赋予对某些案件的侦查权,审判机关突破审判级别的管辖,而且还违反法律的规定剥夺犯罪嫌疑人、被告人应有的诉讼权利;又如变相缩短被告人的上诉期限、剥夺被告人聘请律师为其辩护的权利等。这不仅严重地违反了程序公正,而且也造成了实体不公正。其结果虽然在特定时期里在一定程度上打击和遏制了犯罪的发生,但同时也带来了量刑不当等司法不公正现象,甚至出现个别的冤假错案。这是片面追求司法效率而与司法公正发生冲突的典型教训。

最后,在通常情况下,一方面,对司法公正的追求会直接导致司法效率的降低。正如孟德斯鸠所言:"如果我们检查一下我们的司法程序的话,我们无疑将看到,这些程序太多,以致一个公民要经过许多麻烦才能重新获得他已失去的财产或是获得损害的赔偿。"②在诉讼活动中,提高司法程序的复杂性和可监控性,能有效保护诉讼当事人在辩论等环节的合法权利。对于司法公正而言,程序的烦琐性有时仍会觉得不够。"如果我们从这些司法程序同公民的自由和安全的关系去考虑的话,我们便将感到这些司法程序是太少了,并且将看到我们司法上的麻烦、费用、甚至危险性,都是每一个公民为着他的自由所付出的代价。"③但不可否认的是,程序的烦琐也相应地使法院和当事人投入更多的诉讼成本,审理时间也会有所增加,从而降低了司法效率。但另一方面,司法实践中片面追求司法效率,必然会妨碍诉讼活动的司法公正,导致冤案的发生。并且,过于简单化的诉讼程序,也不利于诉讼当事

---

① [英]哈耶克著:《法律、立法与自由》(第一卷),邓正来等译,中国大百科全书出版社,2000年,第153页。

②③ [法]孟德斯鸠著:《论法的精神》(上),张雁深译,商务印书馆,1959年,第89页。

人充分表达个人意见和进行辩护，还会使当事人对整个法院审判活动的公正性产生怀疑。

虽然法律自身具有公正、公平、效率、权威等内在价值，理想的法律应是实现这些价值的最佳结合。但是在法院实际运行中，追求上述价值的过程存在矛盾性的选择，对某一价值的追求，会影响另一价值的实现。因此，法院在价值追求上，理应在多元价值追求的基础上，寻求公正、效率等的较佳组合状态。并且，法院的设置和司法权的赋予等均应是中立的，不应带有明显的价值倾向。诚如美国学者R.德沃金（Ronald Dworkin）所言："法院是法律帝国的首都，法官是帝国的王侯。"①司法的公正性和中立性要求法院及其法官必须保持与所处理的权益纠纷没有任何利害关系，保证所作出的判决结果不掺杂任何个人意愿或个人利益。对于双方当事人及其各自的诉讼理由、证据等，应平等对待。法院审理案件的全过程，均应尽可能实现公开、透明。这里强调司法公正并非否定司法效率的必要性，而是意在强调司法公正原则的基础性地位。法院对于效率、权威等价值的追求，必须在其追求和实现公正的基础上完成。

从诉讼程序的设置和实际运行来看，对于司法公正的强调会对司法效率和诉讼效益产生一定的制约作用。在法院的实际管理活动中，常常需要以实现司法公正为基础，力求达到法院管理各种价值追求的平衡。应尽量体现出对争议双方的公正性，也就是人们常说的诉讼的公平、公正与正义。美国学者范德比尔特认为："在法院而不是立法部门，我们的公民最初接触到冷峻的法律边缘，如果他们尊重法院的工作，这种尊重可以克服其他政府部门的缺陷，如果他们失去这种尊重，则会对社会构成极大的危害。"②诉讼法的最高价值追求也是诉讼公正，在追求诉讼公正的同时，兼顾效率等价值目标。有时为了避免案件的过分拖延，法律明文规定了各种审判程序的审结期限，并对上诉期间进行了严格限定，允许法院和当事人依据法律规定的条件，选择适合的司法程序。司法权旨在对民意加以分析、筛选、判断与确认，对争议利益在性质上进行明确区分，使不具有合法性的利益被分离、使合法的利益被确定下来。

---

① ［美］德沃金著：《法律帝国》，李常青译，中国大百科全书出版社，1996年，第361页。

② Arthur T. Vanderbilt, *The Challenge of Law Reform*, Princeton University Press, 1955, pp.4–5.

行政管理与司法审判管理存在本质的不同，它的设定与运行所追求的主导性价值是效率与秩序。各国法律设定行政权的权限与职能，主要是为了实现对社会公共事务实施及时、高效的管理，避免社会秩序出现混乱。行政管理权是一种典型的命令权，以垂直命令和绝对服从为关系模式。正如法国法学家莱昂·狄骥（Léon Duguit）所指出的那样："公共事务的内容始终是多种多样和处于流变状态之中的。随着文明的发展，与公共需求相关的政府活动在数量上呈上升趋势，而这样所带来的一个结果是公共服务的数量也在不断增加……事实上，文明本身完全是那些能够在最短时间内满足的各类需求不断增长的产物。"[①]因此，行政职能的基本价值准则总是秩序和效率和并在追求效率和秩序之同时，兼顾公正等其他价值准则，效率显然成了行政管理运行过程中首要的价值追求。再者，在行政管理关系中，双方当事人的地位是不平等的：作为诉讼争议一方当事人的行政机关，实际上处于管理者、指挥者的地位；而作为另一方当事人的行政相对人，则通常处于被管理者的服从地位。

行政主体在进行行政管理时，为了达到既定目的，有时会带有明显的倾向性。因此，民众对行政管理结果的预期，往往明显低于对司法审判活动结果公正性的预期。在一些情况下，即使行政主体充分践行司法公正的理念，但也会较难消除行政相对人对其司法公正性的怀疑。因此，在司法实践中，将行政管理权的追求目标定位于实现公正，不仅很难得以实现，也难以得到社会公众的普遍认同。行政管理权的设置，虽然与司法审判有着本质区别，但是这一权力同样追求司法公正等价值。如果说行政管理权强调单向的自上而下的统领关系，那么司法审判则强调双向的横断截面的分离关系，便于实现清晰的法律判断，如图2-1所示：[②]

图2-1　立法权、行政权和司法权运行机理逻辑图

---

① ［法］莱昂·狄骥著：《公法的变迁、法律与国家》，郑戈、冷静译，辽海出版社，1999年，第50页。
② 参见汪习根主编：《司法权论——当代中国司法权运行的目标模式、方法与技巧》，武汉大学出版社，2006年，第18页。

(二)两者的协调

我们也强调司法权的公正行使，必须是立足于司法权作为裁判权专司审判，以实现分工上的职责明确;必须是立足于审判的独立进行和法官自身素质的提高与完善，以实现实体公正;必须是立足于程序上的科学严谨和人文关怀，以实现程序公正;最终还必须是立足于寻求整体公正和个体公正的平衡，以实现整个社会的普遍正义。然而在追求公正的同时，我们不能忽略效率的存在。仅仅做到公正是不够的，或者说没有效率的公正是不完整的。正如西方法律谚语所云，迟来的正义为非正义。尤其时至今日，历史的车轮已驶过自然经济、计划经济的昨天，进入商品经济、市场经济的今天，司法对效率的期盼和追求显得尤为迫切。如果说司法的传统目标只是保障人们公平地分享法律资源这块"蛋糕"，那么司法在新世纪的使命就是不仅要保障"蛋糕"分享的合理性，而且要努力使"蛋糕"做得更大更好，可以说，崇尚效率是当代社会和法律发展的必然要求。

实际上，公正与效率作为具有矛盾的对立价值，过分强调哪一方都是有害无益的。陈瑞华以刑事司法为例，阐述了裁判过慢和裁判过快可能对公正造成的背离。裁判过慢会导致结案周期的任意延长，案件相关证据的大量流失，证人记忆的模糊、丧失甚至证人死亡。这些因素将使案件的事实真相更加难以查明，导致案件审判出错概率的增加。退一步说，即使迟来的裁判是正义的结论，也势必因为被告人长时间地陷入未决羁押状态、真正凶手不能及时绳之以法而使被害人及被害人家属陷入"第二次伤害"(the second harm)，感觉自己被忽略、被歧视，甚至被抛弃，从而导致对司法机关和国家法律深深的不信任，甚至仇视。因此，迟缓裁判是形成非正义的一种源泉。而裁判过快不仅会大大限制被裁判者充分有效地参与裁判制作过程的机会，使其正当权益受到忽视，还会对裁判者的公正形象造成严重的损害。[①]不难看出，无论是裁判过慢还是裁判过快都将阻碍案件的审判和公正的实现。我们应该寻找的是两者在对立与妥协中的平衡，从而在平衡中实现互补，在互补中谋求理想价值的实现。其实，正如一位研究法与经济的学者所言，在绝

[①]　参见陈瑞华著:《看得见的正义》，中国法制出版社，2000年，第51~53页。此外，需要指出的是，公正和效率的矛盾也广泛存在于民事和行政司法的过程中，对此也应充分重视，在此不再赘述。

大多数情况下,经济方法和法律方法常常是殊途同归的。①而公正和效率这两个价值目标往往具有与其惊人的一致性。尤其是在大力建设中国特色社会主义市场经济的今天,在司法改革进行得如火如荼的关键时刻,我们更应该关注这个问题。

总而言之,我们提倡在司法权运行的过程中坚持"公正优先,兼顾效率"的原则,即公正必须是以效率为补充的公正,而效率应当是服从公正的效率。

① 参见[美]罗伯特·考特、托马斯·尤伦著:《法和经济学》,张军译,上海三联书店、上海人民出版社,1994年,第5页。

第三章　中国法院管理的历史发展及其问题

第一节　中国法院管理的历史演进

一、民主革命时期根据地的法院管理

(一)民主革命时期的法院管理

新民主主义革命时期,中国共产党在接受马克思主义的同时,也接受了马克思主义法学及其中的国家理论和诉讼理论。1925年,在省港工人大罢工运动中,罢工委员会就成立了特别法庭、监狱等司法组织,审理刑事案件;1926年,中国共产党湖南区第六次代表大会,将"扫除诉讼积弊",由农会组织"公断处"审理乡民诉讼,旧警察机关等不得行使逮捕、审判职权等,作为农民最低限度的政治要求写入农民纲要;1927年,湖北的农民组织还制定了《惩治土劣暂行条例》,规定由审判委员会审判有破坏行为的土豪劣绅。可以说,此时是马克思主义法学理论、国家理论和诉讼理论在我国的扎根萌芽期。尽管理论尚不完备,但已显示了不可抗拒的生命力,划清了同以往旧诉讼制度的界线。

土地革命时期,即从1927年至1937年的十年间,中国共产党创立了十几个革命根据地,并于1931年12月颁布了《处理反革命案件和建立司法机构的暂行程序的训令(第六号)》,随后又于1932年6月颁布了《裁判部暂行组织及裁判条例》,规定在地方设立省、县、区各级裁判部,作为法院设立前的临时司法机关,其中省裁判部设部长1人,副部长1人,书记1人;区裁判部设部长1人,书记1人。这是人民司法关于审判组织的最早法律规定。

（二）陕甘宁边区的法院管理

陕甘宁边区的司法制度是在陕甘宁边区革命政权的基础上建立和发展起来的人民司法制度。当时，陕甘宁边区革命政权建设的基本原则是"议行合一"。边区参议会是边区的最高权力机关，其职责包括制定法律、选举和监督边区政府与边区司法机关等。边区的司法机关均由参议会产生，并对参议会负责。1943年起草的《陕甘宁边区纪政总则草案》，对边区司法机关与政府的关系进行了论述。该草案规定："司法机关为政权工作的一部分，应受政府的统一领导，边区审判委员会及高等法院受边区政府领导，各下级司法机关应受各该级政府领导。"①

当时，高等法院和县司法处负责具体从事边区司法审判，同时二者兼理司法行政职责，实行两级两审制。这一司法体制实际上是在继承苏维埃时期的司法体制经验的基础上，结合抗日根据地的实际情况逐步建立起来的。在这一司法体制下，①政审合二为一，审判管理与行政管理不分。为配合当时政府的工作安排，法院内部的行政管理人员所占比例一般都比较高。据统计，到1942年5月，陕甘宁边区高等法院共计有在册人员173人，而其中审判专业人员只有庭长1人，推事2人，书记员2人，其他均为行政及警卫等。②②程序简便，在"为人民服务"的精神指导下，司法审判程序趋于简便化，审判方法较为随意，基本的规章制度极为欠缺，司法人员职业化程度较低等，审判人员中具有专业知识的人较少。③这一时期，闻名于陕甘宁边区的"马锡五审判方式"，以巡回办案、就地审判、方便群众、简易便利的诉讼特点而深受群众赞扬，成为我国优良司法传统的标志，对新中国的司法建设和审判实践也产生了深远的影响。随后，其他一些抗日根据地和解放区，结合当地的实际情况制定了一系列审判工作方法，如《晋察冀战区巡回审判办法》《晋西北巡回审判办法》和《淮海区巡回审判实施办法》等。

所以说陕甘宁边区的司法制度是陕甘宁边区革命政权在特殊的历史条件下创造的，它在极大程度上适应了当时革命形势的需要，解决了战争年代人民群众在生产生活中的各种矛盾和实际困难，为新中国的法制建设积累

---

① 转引自杨永华等著：《陕甘宁边区法制史稿》（诉讼狱政篇），法律出版社，1987年，第16页。

② 参见《陕甘宁边区高等法院全体人员名册》，陕西省档案馆档案，卷号15—117。

③ 参见杨永华等著：《陕甘宁边区法制史稿》（诉讼狱政篇），法律出版社，1987年，第16~20页。

了丰富的经验。

二、新中国成立后至改革开放前的法院管理

(一)中国法院建设的法制背景

中国的法院建设随着中国法制建设的兴衰而共进退。新中国成立六十多年来,我国的法制建设大致可以分为五个历史阶段:

第一个阶段是从1949年到1956年, 这是新中国法律制度的初创与奠基时期。这一阶段新生共和国各项事业百废待兴,法制建设的主要任务是巩固政权,镇压反革命和其他敌对势力;

第二个阶段是从1957年到"文革"结束。其中,前十年是徘徊时期,后十年是法制遭到严重破坏的时期。法院建设也随此兴衰、沉浮。"文革"时期,在"砸烂公检法"的口号下,中国的法制和法院建设遭到重创。

第三个阶段是党的十一届三中全会至党的十五大, 我国进入基本法律制度的恢复与重建阶段。这一时期,最重要的事件是颁布了1982年宪法。为实现有法可依,中国着力加强法律体系的构建。比如,1979年五届全国人大一次会议就通过了七部法律,立法速度空前。这个时期的法制建设以邓小平理论为指导,邓小平提出的方针,是在董必武"有法可依、有法必依"的思想基础上增加了"执法必严、违法必究"八个字。这样,"有法可依、有法必依、执法必严、违法必究"的十六字方针就很好地涵盖了法治的基本环节,构成了社会主义法制的基本原则。法院建设事业也蒸蒸日上,逐步恢复了法院正常的审判工作,法院干部队伍得到大量充实。

第四个阶段是从1997年起至党的十六大。党的十五大报告中明确提出:"依法治国,建设社会主义法治国家"。中国共产党将"依法治国"作为执政的基本方略,并在党代会的报告中予以确定。建设法治国家的一些基本要素,在这一时期都得以显现。比如,要从中国的国情出发,建设社会主义法治国家,这是前无古人的事业。再如,过去只重视立法,而现在既要解决立法问题,又要解决法律实施问题。这就从静态转向了动态,从重视立法转向了重视法治的各个环节。还有一个变化,就是国家逐步用公平正义的价值观来重新塑造社会。

第五个阶段是从党的十六大至今。中国的法治建设进入了一个新的历

史发展阶段。2004年宪法修改的最大变化就是将国家尊重和保障人权的原则写入了宪法。党的十六届四中全会通过了《关于加强党的执政能力建设的决定》，该决定强调："必须坚持科学执政、民主执政、依法执政"。科学执政、民主执政的基本实现路径是依法执政。离开依法执政，也就没有法治国家可言了。党的十七大报告进一步强调，要全面落实"依法治国"的基本方略，加快建设社会主义法治国家。一个全面，一个加快，给法治建设提出了新要求。因此可以说，我国的法治建设站在了新的历史起点上，法院管理也面临新的机遇和挑战。

（二）新中国成立初期的法院管理

从1949年到1956年是新中国法律制度的初创与奠基时期。1949年通过的《中国人民政治协商会议共同纲领》是新中国产生的法统。中华人民共和国诞生的法律依据就在这里，它起到了一个临时宪法的作用。1950年，我国颁布了三部重要法律：《土地法》使当时全国3亿多农民获得了约467万公顷的土地，真正实现当家做主；《工会法》充分保障了工人们的基本权益；《婚姻法》确立了一夫一妻、婚姻自由等基本婚姻制度。另外，不能不提的就是《镇压反革命条例》，它可以说是当时的刑法，对巩固新生的人民政权起到了重大的作用。这些法律代表着一个个法律门类开始形成。这一时期，对于法院管理影响最大的事件是1954年宪法的制定。该宪法把我国的国体、政体、公民与国家的关系都确定下来了，这些基本制度中很多一直延续至今。这些制度构成了新中国成立初期的法院管理的基本制度框架。

1949年新中国成立后，中央人民政府委员会根据《中国人民政治协商会议共同纲领》的精神，于1951年制定了《中华人民共和国人民法院暂行组织条例》，规定人民法院是中华人民共和国的审判机关，实行三级二审制。依据该条例第十条明确规定："各级人民法院为同级人民政府的组成部分，各级法院的院长、副院长由同级人民政府人事部门任免。"这种高度集中化的"政法一体"的司法体制，把司法机关完全纳入行政机关的序列之中，不仅外部高度行政化，内部也高度行政化。从形式上看，当时司法机关本身就是"行政机关"。1954年的第一部宪法和《中华人民共和国人民法院组织法》对此作了进一步详细规定，即最高人民法院院长由全国人民代表大会选举和罢免，副院长、审判委员会委员、庭长、副庭长和审判员由全国人民代表大会常务委员会任免，助理审判员由司法部任免。地方各级人民法院院长由本级人民代表大会选举和罢免,副院长、审判委员会委员、庭长、副庭长和审判员由本级人民代表大会的执行机关,即本级人民委员会任免,助理审判员由上一级司法行政机关任免,但对法官在任职方面的专业要求只字未提。1954年以后,我国虽然确立了"司法独立"这一宪法原则,法院也不再隶属于行政机关,但是当时高度统一的计划经济体制,使得司法机关依然在套用行政机关的模式构建和运行,而且形成了相对稳定的行政体制模式。司法机关具有和行政机关一样的行政级别,从最高人民法院到基层人民法院,司法机关的地位完全被行政化:基层人民法院是副处级,中级人民法院是副厅级,直辖市中级人民法院是正厅级,高级人民法院是副省级。在法院内部,无论是审判员还是书记员或是法警以及其他工作人员,也都被纳入特定的行政级别管理之中,每个人都有相应的行政级别,即从厅局级、处级到科级,并且和政府公务员的行政级别完全一样。

(三)"文革"期间法院管理发展的停滞

"文革"前期,人民法院在管理上一直在军管与撤销之间沉浮,法院管理在发展上遭遇了破坏和中断。"文革"前,法院管理工作本来已经有了一个比较好的法制环境。在打碎旧的国家机器基础上建立起来的新中国,废除了国民党的"六法全书",相继制定和颁布了宪法、《婚姻法》《土地法》等基本法律,并有了比较周详的立法规划。但由于指导思想的转向失误,成立不久的新中国逐步陷入了"以阶级斗争为纲"的泥潭中。立法工作被废止,律师制度被取消,司法部和国务院法制局被撤销,公检法三机关合署办公并进而砸烂公检法,公检法大批干部被下放改造或转行,连法院对外的公章也改成了"某某人民法院革命委员会"。其结果是,新中国成立近三十年至改革开放前,中国的法律体系未有效建立,法治建设基本上一片空白,刑法、民法、诉讼法等与百姓息息相关的最基本的法律仍然束之高阁,就连国家的根本大法几经修改后,也仅是徒具宪法之名的"继续革命"纲领而已。法律实用主义可以向两个方面发展,如果发展得好,逐步总结经验,有可能逐渐走向健康的法治道路;如果走向另一个极端,则会导致法律虚无主义。在中国走向法律虚无主义的大环境下,法院管理的发展陷入了停顿。

三、改革开放后法院管理的恢复与发展

1978年党的第十一届三中全会以后,中国进入改革开放时期。在法制建设方面,改革开放总设计师邓小平指出:"应该集中力量制定刑法、民法、诉讼法和其他各种必要的法律,例如工厂法、人民公社法、森林法、草原法、环境保护法、劳动法、外国人投资法等等,经过一定的民主程序讨论通过","国家和企业、企业和企业、企业和个人等等之间的关系,也要用法律的形式来确定;它们之间的矛盾,也有不少要通过法律来解决"。①"现在立法的工作量很大,人力很不够,因此法律条文开始可以粗一点,逐步完善。有的法规地方可以先试搞,然后通过总结提高,制定全国通行的法律。修改补充法律,成熟一条就修改补充一条,不要等待'成套设备'。总之,有比没有好,快搞比慢搞好。"②这为法制建设的基础工作——立法工作指明了方向,规定了任务。基于当时法律一片空白和社会急需法律的现实,从哲学的高度,探讨了尽快建立社会主义法律体系、做到有法可依的可行之路。我们正是按照邓小平的这一立法思路,开始了改革开放最初十年的立法工作,并取得了举世瞩目的立法成果:刑法、民法通则、刑诉法、民诉法、经济合同法、涉外经济合同法、技术合同法、三资企业法、环境保护法等一系列法律得以制定和颁布实施。尽管这些法律理论性过强,缺乏较强的操作性,并带有较多的计划经济的色彩,但以历史的眼光看,它们仍然满足了那一时期法院审判工作的需要,适应了法院管理对于审判工作的制度需求。1979年《人民法院组织法》《刑事诉讼法》以及后来颁布的1982年宪法、《民事诉讼法(试行)》《行政诉讼法》都重申了人民法院的地位、性质、任务、活动原则和审判制度,初步建立起一套较为完备的刑事、民事和行政诉讼制度,恢复了高考制度及法律院校的招生,恢复了律师执业,等等,这些举措极大地推动了法院审判管理制度的完善,标志着人民法院管理重新步入了发展的正常轨道。

(一)法院管理的恢复建设

中国法院管理工作在"文革"后期(1972—1975)年前后开始恢复,尤其

---

① 《邓小平文选》(第二卷),人民出版社,1994年,第146~147页。

② 同上,第147页。

体现在《中华人民共和国人民法院组织法》的完善推进了法院行政管理制度的完善。在1979年之前，法院内部机构设置简单，1951年制定的第一个法院组织法规《中华人民共和国人民法院暂行组织条例》规定："案件多的县级人民法院得分设刑事、民事审判庭"；"省级人民法院设刑事、民事审判庭"；"最高人民法院设刑事、民事审判庭，并得设其他专门审判庭"。①1954年的《中华人民共和国人民法院组织法》规定，基层人民法院可以设刑事审判庭和民事审判庭；中级人民法院设刑事审判庭和民事审判庭，在必要的时候可以设其他审判庭。1979年的《中华人民共和国人民法院组织法》在基本条文上保持与1954年相同的表述，规定基层法院可以设刑事审判庭和民事审判庭，处理刑事案件和处理婚姻等民事纠纷。这种庭室设置是作为纠纷裁判机关的法院最初级的、最本色的功能体现，恰当地反映出当时中国社会形态高度同质化、简单化的特点。然而自1979年《中华人民共和国人民法院组织法》颁布后，到2001年中央编委提出《地方各级人民法院机构改革意见》的二十余年间，法院内部庭、处、室设置渐多，尤其是在审判庭设置上，庭室数量每五年都要翻一番。

　　这个过程首先是政治驱动的。1979年《中华人民共和国人民法院组织法》通过的半年前，中共中央召开了中央工作会议和党的十一届三中全会。在这一时期，邓小平等中国领导人摒弃其他分歧，以周恩来1975年在四届全国人大一次会议上提出的"四个现代化"②作为政治共识，开启了全面的改革开放。在党的第十一届三中全会的会议闭幕式上，邓小平发表了重要讲话，其中讲道："国家和企业、企业和企业、企业和个人等等之间的关系，也要用法律的形式来确定；它们之间的矛盾，也有不少要通过法律来解决"。李先念具体提出："设置裁决经济工作中各种纠纷、案件的司法机构"③。时任最高人民法院院长江华迅速对此作出反应，1979年2月1日提出要在大、中城市的高、中级人民法院建立经济审判庭，受理经济纠纷案件。重庆中级人民法院当年2月份即成立了经济庭，成为全国范围内最早建立的经济审判庭。④

---

①　1951年《人民法院暂行组织条例》第十四、二十三、三十一条。

②　参见周恩来：《政府工作报告》，《人民日报》，1975年1月21日。

③　参见《政法工作五十年——任建新文选》，人民法院出版社，2005年，第135页。

④　1955年4月北京中级人民法院成立之初曾设经济建设保护庭，但因案件过少，于下半年就撤销。参见《北京市高、中级法院公告正式成立》，《人民法院报》，2007年8月11日。

1979年9月最高人民法院亦设立经济审判庭。[1]作为对未来中国社会形态的一个估计,在党的第十一届三中全会之后颁布的1979年《中华人民共和国人民法院组织法》在法院庭室设置上,比1954年《中华人民共和国人民法院组织法》给中、高级人民法院和最高人民法院增加了一个授权性规定:中级人民法院设刑事审判庭、民事审判庭,根据需要可以设其他审判庭。

由此,以1978年12月为起点的制度变革释放了生产力,革新了旧的经济形态,使整个中国社会开始巨变,这种巨变又传递到司法过程的应对上。1980年9月,全国人大常委会提出:"应当建立和健全经济法庭和经济检察机构,加强经济司法工作,以保障我国社会主义现代化建设事业的顺利进行"[2]。1983年9月2日修正的《中华人民共和国人民法院组织法》规定基层人民法院可以设经济庭,中级人民法院根据需要可以设其他审判庭。此后,根据该组织法上的这项授权条款,法院因社会政治、经济各方面的变化,在内部庭室设置方面出现纷繁的状态:1982年《民事诉讼法(试行)》规定法院审理的行政案件适用该法,一些地方法院就开始由民庭或经济庭受理行政诉讼案件。到1987年,各地法院根据最高人民法院的通知或规定,成立了一大批行政审判庭。[3]1989年4月《行政诉讼法》通过后,正式为行政审判提供了全面依据。

作为社会纠纷、冲突的"回应—治理"机构,法院在组织设计上受社会形态复杂性因素决定较重。[4]社会形态复杂性一方面受社会分工影响,另一方面与社会变迁的剧烈程度,与乌尔里希·贝克(Ulrich Beck)称之为的"风险社会"中的行为、事件的不确定性程度正相关。[5]20世纪70年代后期,法院恢复后曾设立信访科,解决"文革"期间的冤假错案。1987年9月25日最高人民法院告诉申诉审判庭成立,从10月4日起开始办公。[6]各地也先后设立告申庭受理申诉,并对生效案件中发现确有错误的,按照审判监督程序再审。

作为一种社会组织,法院的功能担当状态直接表达了由社会分工和社

① 参见《江华传》编审委员会编:《江华传》,中共党史出版社,2007年,第436页。
② 《第五届全国人民代表大会第三次会议关于最高人民法院工作报告和最高人民检察院工作报告的决议》,1980年9月10日。
③ 参见最高人民法院:《关于建立行政审判庭的通知》,1987年1月14日。
④⑤ 参见[德]乌尔里希·贝克著:《风险社会》,何博闻译,译林出版社,2003年,第32页。
⑥ 参见最高人民法院:《关于最高人民法院告诉申诉审判庭的职责范围和启用印章的通知》,1987年10月8日。

会变迁等所推动的社会复杂性程度。由于社会分工无限细化趋势的加强，作为应对社会分工的社会组织的功能分化呈现同一样态。就塔尔科特·帕森斯（Talcott Parsons）看来，传统社会与现代社会的一个基本的分野就在于复杂性的程度和功能分化，而现代社会在这两个维度上都远远超过了传统社会。①在1980年之前，中国实行高度集中统一的计划经济，公有经济独大，公有经济实体之间的纠纷由共同的上级机关协调处理；在社会治理上实行单位制的管理，一般纠纷大多由所在单位出面解决；企业产权形式单一，个人几乎没有私产，民、商事纠纷很少；加上人口流动极少，刑事案件发案率都较低。所以，法院在整个国家治理体系中较少发挥作用，承担的功能极少，自然不可能有较多的庭室。从1978年到2008年这三十年间，正是中国社会发展变化最大的时期，法院内设庭室不断增多、细化，与这一过程同构。1991年《未成年人保护法》颁布，规定公检法机关办理未成年人犯罪的案件，应照顾未成年人的身心特点，并可以根据需要设立专门机构或者指定专人办理。据此，法院在传统的刑庭中分出了少年庭。1999年《预防未成年人犯罪法》规定审判未成年人的刑事案件，应当由熟悉未成年人身心特点的审判人员依法组成少年法庭进行。各级法院由此设立了常设的正式编制的独立的少年审判庭。②

（二）法院管理的快速发展时期

1992年，在邓小平"南方谈话"后，中国开始进入社会主义市场经济发展阶段，中国政治、经济、社会形态均出现了前所未有的巨变。在这一大环境下，法院管理也得到了迅猛的发展。为了更好地"适应改革开放和经济建设发展的新形势"，时任最高人民法院院长的任建新提出："在省高院以上设立执行庭以及其他法院可以设置知识产权庭、房地产庭等更多的庭的问题，同意最高法院和各地法院理顺法院内部机构，使法院内部机构设置更为合理"。③其后，1993年8月5日，北京高级人民法院、北京中级人民法院在全国率先成立知识产权审判庭。1995年最高人民法院设立了知识产权办公室，设在经济审判庭内。1996年11月，全国人大常委会讨论通过，同意最高人民法院成立知识产权审判庭。

① 参见[美]塔尔科特·帕森斯著：《社会行动的结构》，张明德、彭刚等译，译林出版社，2003年，第87页。

② 参见《未成年人保护法》，1991年9月4日；《预防未成年人犯罪法》，1999年6月28日。

③ 参见《政法工作五十年——任建新文选》，人民法院出版社，2005年，第314页。

1995年,经中央编委批准,各级法院将法院的法警正式列编,作为法院内设机构之一,规定"基层法院设法警大队,中院设法警支队,高院设法警总队,最高法院政治部设警务部,负责押解、看管、值庭、安检、送达法律文书、参与民事行政案件执行、强制措施实施等"①。1995年以后,根据《关于中国人民武装警察部队内卫执勤任务范围的规定》,全国武警部队不再承担执行死刑的任务,这一工作陆续交由当地法院法警直接承担。②

除了以上具有共同性的法院内设机构外,《中华人民共和国人民法院组织法》还授权规定各级地方法院"根据需要可以设其他审判庭"。这一规定给了各级地方法院很大的自由裁量权,各地纷纷结合本地特点和实际需要设立了各式各样的审判庭。比如,深圳市中级人民法院于1988年7月成立了涉外经济庭(经济二庭),专门审理涉外、涉港澳台案件,同年还设立了经济调解中心;1989年1月,成立了房地产庭;1993年12月,成立了破产庭。③湛江市中级人民法院设立了不按照案件类型划分的开发区庭。④而在各地的基层法院一级,情况更是错综复杂。各地根据本地的特点设立了五花八门的各种审判庭,一些地方信用社比较多、金融信贷比较发达,于是就设立了金融庭,建筑业比较发达的就设立了建筑庭⑤,在养鸡等畜牧业比较普遍的地方,一般会设有畜牧审判庭⑥。此外,一些基层法院还设立了专门的派出法庭。在2005年全国法院法庭工作会议之前,许多基层法院实行"一乡一庭"制度,导致一个大的基层法院的实际庭室数量,在总额上甚至超过了中级人民法院。⑦

法院管理系统内部的不断分化,导致其应对社会复杂性的一个非预期后果就是,这种功能应对指向了自身,出现了自反身性(self-reflexivity),即复

---

① 《人民法院司法警察暂行条例》;祝铭山:《关于〈人民法院五年改革纲要〉的说明》,1999年10月20日;《最高人民法院关于印发〈人民法院司法警察训练大纲〉的通知》,2005年2月21日,法发〔2005〕3号。

② 参见《人大代表左世忠、公丕祥、梁明远建议:改革人民法院司法警察体制》,《人民法院报》,2008年3月9日。

③ 参见深圳市地方志编纂委员会编:《深圳市志·法制政务卷》,方志出版社,2006年,第216~234页。

④ 参见《湛江市中级人民法院各庭科室队的主要职责》,黄松有主编:《人间正道》,广东省湛江中级人民法院内部出版物,1996年,第156页。

⑤ 参见林州市地方史志办公室编纂:《林州市志》,中州古籍出版社,2004年,第498页。

⑥ 参见汤阴县史志编纂委员会编:《汤阴县志》,中州古籍出版社,2004年,第285页。

⑦ 北京海淀区法院仅民庭就有按序号排列的五个庭,还设立有山后、东升、复兴路三个派出法庭和全国首个专门审理商事案件的上地法庭。

杂性应对本身使得自身也产生了复杂性问题。例如,庭室之间的冲突问题。此外,对于法官行为的监控和庞杂的行政事务,会导致产生新的复杂性问题的需要。为此,法院内部开始设立大量的辅助性事务机构,专门负责管理由于新增庭室而出现的行政事务。

肖扬上任伊始就推出了《人民法院第一个五年改革纲要(1998—2003)》。该纲要在法院内部的制约机制上,沿用了此前已经存在的立审分立和审执分立,强调"三个分立",其一就是着重突出构建"大立案"的模式,同时,将各审判庭、执行庭、基层法庭的立案权全部收回,由法院告诉申诉庭拆分成立案庭、审监庭。

1994年之后,法院系统内部加强和改进了思想政治工作。1996年推行了法院机构的改革。各级法院的人事部门职能有所扩大,将政工、人事工作均纳入统一管理,成为与检察院的政工机构一样的政工部门。其中,最高人民法院、高级人民法院一级设政治部,中级人民法院一级设政治处,基层人民法院一级设政工科。

对于在法院民事、刑事、行政各庭工作着的大量书记员、临时聘任制书记员,一般均由原有各庭自行管理。1999年后,最高人民法院提出实行书记员单独职务的序列。[①]各地开始试行对书记员的专门管理,例如,广州市中级人民法院就设了一个专门管理书记员的机构书记员处。

对于法院分庭原因的以上两种归类,属于框架性的考虑。在法院实践中,一些庭的设置还有其特定的原因。例如,对执行庭的设立。"文革"后期,法院刚刚恢复时,民事案件极少,基本没有经济案件。1982年《民事诉讼法(试行)》虽然对于执行程序有着专门规定,要求各级法院设立执行庭。但是作为程序法,这一规定实际上并没有超越组织法的规定。因此,当时各级法院对于民、商事案件,仍然采用"审执合一"的方式。1984年10月20日通过《中共中央关于经济体制改革的决定》之后,民、商事案件数量急剧增加,经济案件和民事案件的执行问题日益凸显。先前因为执行案件少,可以由相关庭自行执行;而现今由于案件数量激增,并且,由于"审执合一"容易导致审判兼执行人员的权力滥用,使法院考虑将执行庭单设。1991年《民事诉讼法》第二百零九条明文规定:"基层法院、中院根据需要,可以设立执行机构"。

另外,由于人自身能力的限制,决定了人不可能持续关注多个事务,因此必须在多个目标管理事务之间有所取舍。1982年《民事诉讼法(试行)》第三条第二款规定了法院可以受理行政诉讼案件,但是当时法院没有单设行政庭,因此行政诉讼案件实际是由经济庭受理,是当时法院经济庭受理的六类案件之一。①由于审理经济案件可以获取远远高于审理行政案件的诉讼费,因此经济案件对法院的利益权重较大。而且经济案件面对的是公司、企业和自然人三者之间的财产流转关系,审理案件的政治风险和难度远远小于以行政机关为被告的行政案件。所以,虽然行政诉讼设在法院经济庭,但经济庭一般不愿受理行政案件,即使碍于法律规定不得不受理,也会在具体操作的过程中人为地设置一些障碍,使行政相对人很难将案件实际推进到诉讼环节中。并且,在人员分配上,往往审判水平比较高的法官都会被分配在最受重视的经济案件审判上,而负责行政案件的法官往往业务能力不是很强。这一情况必然会阻碍行政诉讼的发展,因此将行政诉讼独立设庭,成为改革的必要任务。

此外,执政党从综合治理的角度出发,在各机关设立了一些综合部门。1989年,在党的第十三届四中全会明确提出加强党的建设、惩治腐败这一背景下,最高人民法院报请中组部、中央编委同意,在各级法院设立了监察机构。最高人民法院、高级人民法院、中级人民法院设监察室、基层人民法院设专职监察员。②同时,根据《党章》和《中国共产党党和国家机关基层组织工作条例》规定,在中级以上的法院设立机关党委,基层人民法院设党总支。1996年之后,中级以上法院还"按地方有关规定"专设了离退休干部机构,一般称为"老干部处"。到2007年,全国法院系统法官及其工作人员已有

① 参见《政法工作五十年——任建新文选》,人民法院出版社,2005年,第139页。

② 最高人民法院、国家机构编制委员会:《关于设立各级人民法院监察机构的通知》,1989年7月28日,法(纪)发〔1989〕20号,国机编〔1989〕4号;最高人民法院:《关于建立法院系统监察机构若干问题的暂行规定》,1989年8月15日。监察机构目前在最高法院称监察局,高院、中院称监察处,基层法院称监察科,与纪检组合署办公。

三十多万。①

　　总体而言,在改革开放的三十多年中,中国法院在法院内部管理上,主要的成就是通过增设专业的审判庭、在审判庭内设立专业化的合议庭和设立专门法院等方式,很好地应对了复杂性的问题。②

　　在邓小平"南方谈话"后,中国开始了建立社会主义市场经济的又一历史新时期。如何建立适应市场经济的法律体系这一紧迫问题,现实地摆在了中国立法者面前。这一时期的立法,充分吸收了专家学者的意见,更多地援用了国际通行做法,并借鉴了西方市场经济发达国家的经验,表现出了立法方面与国际接轨的开放姿态。立法机关加快立法步伐,其立法速度是前所未有的。目前,我国典型的市场经济立法有:合同法、海商法、证券法、票据法、银行法、公司法、海事诉讼特别程序法以及新修订的刑法、刑诉法、民诉法等等。迄今为止,社会主义市场经济法律体系已显雏形。在建立市场经济和法治国家的进程中,法院审判工作日益成为全社会所关注的中心和焦点之一,较为完善的法律体系为法院审判工作的有序开展奠定了坚实基础,可以说,现在已经基本做到了有法可依。

第二节　我国现行审级制度的沿革

　　人民法院的基本职责是履行法律赋予其的司法审判职能, 这一职能的实现在客观上需要建立起一个完善的审判管理制度。审级制度是现代法院审判管理制度的最核心内容。

---

　　①　肖扬:《新年献词》,《人民法院报》,2008年1月1日。

　　②　分庭治理只是普通法院内部的一种策略,就整个法院而言,功能分化应对的另一个表现就是设立专门性法院:除了在1982年恢复设立铁路法院之外,由于1984年中共中央决定确立十四个城市为沿海开放城市,海事、海商纠纷急剧增加,最高人民法院先后组建了10个审级为中院一级的海事法院,中国成为世界上建立专门海事司法机构最多的国家。截至2004年,全国还存在吉林白山中院分院等五个中院审判级别的林区法院。参见最高人民法院:《关于海事审判工作发展的若干意见》,2006年11月9日;最高人民法院政治部编:《中华人民共和国人民法院机构名录(2004)》,人民法院出版社,2004年,第376~382页。

一、我国审级制度的沿革

我国的审级制度经历了一个历史演进的过程。在民国时期,实行所谓四级三审终审制。在民主革命时期,各革命根据地的诉讼程序中已包含了上诉制度,并在有关的法令和条例中作了明确的规定。在土地革命时期,各个根据地的法院,审级制度各不相同,有的实行两审终审制,有的实行三审终审制。实行三审终审的情况是,县法院负责一审,地区法院负责二审,边区高等法院负责终审。1934年颁布的《中华苏维埃共和国司法程序》中规定:"如区为初审机关,则县为终审机关;县为初审机关,则省为终审机关;省为初审机关,则最高法院为终审机关……最高法院在审判程序上,为最后的审判机关。"①

抗日战争时期,各抗日根据地普遍实行了两审终审制的上诉制度。个别根据地曾实行了三审终审制的上诉制度。例如1942年,陕甘宁边区改为三审制,即以边区审判委员会作为第三审级,负责受理不服边区高等法院一审或者二审之刑事、民事上诉案件。②

解放战争时期,各解放区继续实行原有的上诉制度,即两审终审制。有的地区规定,在特殊情况下,有些案件准许进行第三审。③

中华人民共和国成立后,原则上实行两审终审,但在例外情况下允许有第三审。三审环节可以针对二审裁判,上诉到最高人民法院。1951年颁布的《中华人民共和国人民法院暂行组织条例》中规定:"人民法院基本上实行三级两审制,以县人民法院为基本的第一审法院;一般案件以二审为终审,但在特殊情况下,得以三审或一审为终审。"由这一规定可以看出,当时的审级制度是以两审终审为主,以一审终审和三审终审作为例外。1954年颁布的《中华人民共和国人民法院组织法》取消了关于特殊性的规定,废除了三审终审和一审终审的例外情况,明确规定人民法院审判案件时,统一使用两审终审制。自此,两审终审制作为正式的法律制度得以确立。

---

① 张希坡主编:《革命根据地法制史》,法律出版社,1994年,第302~303页。

② 参见曾宪义主编:《中国法制史》,北京大学出版社、高等教育出版社,2000年,第376页。

③ 参见陈光中主编:《中国刑事诉讼程序研究》,法律出版社,1993年,第254页。

其后,1979年《刑事诉讼法》第七条、《中华人民共和国人民法院组织法》第十二条、1996年修订的《刑事诉讼法》第十条均规定:"人民法院审判案件,实行两审终审制"。

二、审级制度的历史和现实原因

对于之所以采用两审终审制,一般有如下三种解释:[①]

(1)符合中国国情。我国地域辽阔,但也导致了交通不便。县、地区、省三级法院相距甚远,因此不宜把过多的案件集中到省级法院终审。如果实行三审终审会使当事人和其他诉讼参与人为出席法庭而来往奔走,长途跋涉,影响生产和工作。

(2)便利群众。群众路线也是我国制定刑事诉讼法的基本原则。实行两审终审制,除极少数重大案件属省级以上法院审理外,大多数案件属县、地区两级法院审理,这样就使大多数案件可以在县、地区两级法院得到解决。显然,县与地区比较靠近,办案人员向群众调查核实案情,以及传唤当事人和证人接受询问,出席法庭等都比较方便,也利于推进审判公开,更好地接受群众监督。

(3)既保障了当事人的上诉权利,又简化了诉讼程序。实行两审终审制的上诉制度,可以有效保障当事人的上诉权利,同时,也能极大简化诉讼程序,减少了重复审理。这不仅有利于及时实现对犯罪行为的处罚,也能更好地保护当事人的合法权益。

由于我国法院共分四级,因此也常常将我国的审级制度称为"四级二审制"。1979年和1983年先后修改颁布实施的《中华人民共和国人民法院组织法》以及三大诉讼法都沿用了两审终审的审级制度,即一个案件最多经过两级人民法院的审判即告终结的一种审级制度。[②]

我国法院确立两审终审的审级制度,主要有以下四点原因:

第一,可以减少当事人诉讼费,更方便当事人进行诉讼。避免在实行三

---

① 参见陈光中主编:《中国刑事诉讼程序研究》,法律出版社,1993年,第251~256页;陈光中、徐静村主编:《刑事诉讼法》,中国政法大学出版社,1999年,第371~374页。

② 参见陈光中、徐静村主编:《刑事诉讼法》(修订版),中国政法大学出版社,2001年,第388页。

审终审的条件下,审级过多等给双方当事人造成的时间和物力上的浪费。

第二,可以使高级人民法院和最高人民法院摆脱审理具体案件的工作压力,集中精力对审判业务进行监督。

第三,我国的审判监督程序可弥补审级少的不足,对确有错误的已生效判决,当事人可以通过审判监督程序申请再审,法院也可以利用审判监督程序予以纠正。

第四,第三审仅作书面审和法律审,对案件事实部分不予过问,因而作用极为有限。①

所以,两审终审,能够充分发挥审级少的优点,保证诉讼的高效率,同时,通过为纠正错误设置的再审程序,弥补两审终审的不足,保证诉讼的公正,实现效率与公正的兼顾。

三、两审终审制与三审终审制的比较

三审终审与两审终审制相比较,优点在于可以有效减少错误裁判出现的机会,利于实现诉讼公正。但三审终审会增加诉讼成本,使当事人的权利和义务长期处于不确定状态,不利于提高诉讼效率。因此,西方国家在立法上采取了各种措施,以达到消除多审级制度弊端的目的,具有一定的积极意义。

(1)若双方当事人只对一审判决的法律适用有争议,对事实认识一致时,经双方协议可直接向三审法院上诉。例如,英国法院的"跳背诉讼",德国、日本法院的"飞跃上诉制度"。

(2)若双方当事人在诉讼过程中订立了不上诉协议,那么在一审裁决后,无论对判决有无意见,任何一方当事人均不得再提起上诉。如英国法律规定,在高等法院和郡法院判决之前,经当事人或律师签字,双方当事人可以订立书面不上诉协议。

(3)争议数额较小的一审案件不能提起上诉。如原法国《民事诉讼法》规定,诉讼标的不满3500法郎的案件,一审终裁。

(4)限制向最高法院上诉的条件。如原德国《民事诉讼法》规定,对于涉及财产诉讼的案件,只有诉讼标的额达到4万马克以上,才可向联邦最高法

---

① 参见江伟主编:《民事诉讼法学原理》,中国人民大学出版社,1999年,第333页。

院上诉，但如果上诉法院民事庭有三分之二的法官认为案件是没有原则性异议的，应拒绝受理上诉；对于不涉及财产诉讼的案件，需要先取得州高等法院允许，才可以提出上诉。

四、现行审级制度反思

作为法院审判管理制度的重要组成部分，"审级制度"是指法律规定的审判机关在组织体系上的层级划分以及诉讼案件须经几级法院审理才告终结的制度。它通常指"法律规定的审判机关在组织体系上设置的等级，当事人可以上诉或检察机关可以抗诉几次，一个案件经过多少级法院审判后，判决、裁定即发生法律效力的一种诉讼法律制度"①。审级制度是诉讼的基本制度，它是针对法院的不公正裁判，给予当事人一种救济途径，从而最终实现程序正义和诉讼公正的目的。

如何在追求诉讼公正和提高诉讼效率之间寻求平衡，是合理设计审级制度的关键。传统的文化背景、诉讼基本价值观、诉讼实践需求和诉讼传统习惯，都会影响一国审计制度的设计与选择。但如何协调追求诉讼公正与提高诉讼效率之间的关系，永远都是设置审级制度的根本问题。然而公正与效率这两个基本诉求，却经常在实践中产生矛盾。追求诉讼公正会在客观上要求增加审级，因为审级的增进会减少错误或瑕疵裁判出现的概率，提高审理的细致程度和权威性；而提高诉讼效率则要求减少审级，因为审级的增进会导致诉讼成本的上升和审理期限的拖延，使当事人的权利和义务长期处于不确定状态。因此，若想在诉讼过程中，同时实现追求诉讼公正和提高诉讼效率两个目标，就必须在二者之间找到一个合理的平衡点。而不同国家正是基于对平衡点的不同选择，设置了不同的审级制度。

综观各国司法制度的发展历史，审级制度主要有单一审级制和多重审级制两种类型。但由于单一审级制采取一审终局的做法，不利于保障当事人的合法权益和提高审判质量，因此已被现代各国所摈弃。当前，多重审级制主要有两审终审制和三审终审制两种类型，而其中三审终审制被多数西方国家所采用。在采用三审终审制的国家中，德国和日本是四级三审制的代

---

① 程荣斌、邓云：《审级制度研究》，《湖南省政法管理干部学院学报》，2007年第5期。

表。德国法院由初级法院、州法院、州高等法院和联邦法院四级组成,不重要的民事案件由初级法院审理,不服可逐级向州法院、州高等法院上诉;不属于初级法院管辖的一审案件由州法院审理,不服可逐级向州高等法院、联邦法院上诉。日本法院系统由简易法院、地方法院或家庭法院、高等法院和最高法院四级组成,诉额较小的案件由简易法院一审,不服可逐级向地方法院或家庭法院、高等法院上诉;诉讼额超过90万日元的民事请求和性质上不具有数额请求的案件由地方法院或家庭法院一审,不服可逐级向高等法院、最高法院上诉。美国和法国是三级三审制的代表。美国联邦法院系统由地区法院、上诉法院和最高法院三级组成,不服地区法院判决可逐级向上诉法院、最高法院上诉。法国法院系统由通常法院或特别法院、上诉法院和最高法院三级组成。通常法院或特别法院是一审法院,不服其判决可逐级向上诉法院、最高法院上诉。此外,我国香港、台湾和澳门地区的民事诉讼也实行三审终审制。

我国法院主要基于诉讼效率和诉讼经济原则,选择了两审终审制。这种选择与新中国成立初期我国社会经济不发达、交通工具相对落后、诉讼纠纷权利义务关系相对简单等有关,但立法者并未忽视两审终审制在节约诉讼资源、降低诉讼成本、提高诉讼效率的同时,可能会危害司法公正的缺陷,因此立法者为两审终审制设置了一个补救程序,即再审程序。但在审判实践中,可以通过多渠道、无限制启动的再审程序,反而增加了诉讼负担,降低了诉讼效率。大量案件进入再审,极大地损害了法院裁判的权威性和严肃性,不利于诉讼程序的终结和安定。不断复杂化的再审程序,不但违背了制度设计者的初衷,而且也直接与诉讼效率和诉讼经济原则相背离。

我国现行诉讼法规定,基层人民法院为一审法院,中级人民法院为二审法院,即终审法院,随着经济社会的快速发展,各类诉讼案件日益增多,两审终审制已难以适应审判实践的需要,很多缺陷显现出来,严重制约了司法实践中的实体公正与程序公正,这主要表现在以下五个方面:

(1)一、二审法院位于同一行政区,基层人民法院和中级人民法院法官的私人交往可能使二审法官在审理上诉案件时顾及私情,不利于及时纠正下级法院的瑕疵或错误判决。

(2)"错案追究制"在司法实践中会消解二审终审制的部分功能。目前,我国多数法院对被改判或发回重审的案件较为重视,且将其不加区别地视为"错案",一审案件的主办法官通常会因"错案"在晋升、晋级、奖金和评优等方面受到直接影响。因此,一审法官经常在审理中以口头或者书面的形式向上级法院"请示"咨询意见,并按上级法院的答复进行裁判,上级法院通常将此类案件称为"内审案件"。这种做法虽然在客观上减少了案件被改判或发回重审的概率,但是却在实践中使一、二审程序实质上合二为一,不利于发挥上诉审的纠错功能,不利于保护当事人正当的合法权益,有害于司法公正。

(3)在我国,目前承担多数案件具体审理工作的基层人民法院和中级人民法院,法官整体业务水平和素质不高,使得经过两审终审的案件,并不能保证完全准确地适用法律。

(4)终审法院级别偏低,不利于法律适用的统一。我国大部分法律规定过于原则化,具体判例亦不能作为审判依据,终审法院过低的级别,容易影响法律适用的统一性,造成同类案件判决存在较大的地区差异。如最高人民法院恢复对死刑案件行使复核权,即是为了在全国范围内统一掌握死刑标准。

(5)终审法院审级偏低,降低了人们对判决公正性和权威性的信赖程度。我国公民法律意识的不断增强,使得他们在认为判决不公时,往往不惜一切代价希望启动再审程序,客观上造成了案件"终审不终"。

此外, 新中国成立初期设置两审终审制的立法背景已经发生了根本改变:一是交通工具更新换代,交通不便状况得到根本性改善;二是当前社会关系日益多样化,诉讼也较解放初期日益复杂;三是公民的法律观念和权利意识不断增强,对司法公正关注度不断提高;四是司法腐败现象日益普遍。在设置两审终审制的立法背景发生根本改变的情况下, 对我国现行的审级制度进行适当调整,便成为客观需要。

因此,我国现行的两审终审制已难以保证诉讼案件的审判质量,不利于当事人权利的保障和司法公正的实现,对其进行改革已迫在眉睫。

第三节　当代中国法院管理存在的问题

一、法院审判管理中存在的主要问题

法院管理行政化是审判管理中存在的突出问题。近年来,司法体制改革

已经成为全社会普遍关注的焦点,党和国家对司法体制改革也十分重视。党的十七大明确提出,要推进司法体制改革,进一步健全"责权明确、相互配合、相互制约、高效运行"的法院管理体制,从制度上保证审判机关依法独立、公正地行使司法审判权。但是从本质上讲,影响我国司法体制改革进程的主要原因——法院管理行政化,却并没有消除。

长期以来,我国审判机关在很多方面都套用了行政机关的管理方式和运行机制,一些情况下,甚至承担了部分行政职能。然而众所周知,行政权和司法审判权在本质上是两种性质完全不同的国家权力。行政权的主动性、倾向性、应变性、传授性、先定性、主导性使得行政机关理所当然地形成了层级化、高效化、核心化、强力化的体制结构和管理方式。这种体制显然与司法权的被动性、中立性、终极性不相适应,再加上我国司法审判机关内部司法审判和司法行政的合一化设置,司法机关在承担着司法职能的同时还履行着部分行政职能,导致司法机关的独立性受到严重威胁。今天,法院管理行政化已经成为影响我国司法体制改革进程的最核心因素。

(一)法院管理行政化的具体表现

司法审判机关在内部结构、管理方式、运行机制等方面套用行政机关的模式,并且在体制上没有完全实现司法审判和司法行政的分立,从而呈现出了一种行政化倾向。司法行政化在我国司法体制中有多种体现,主要表现在以下六个方面:

1. 人民法院地位行政化

新中国成立初期,人民法院一开始就是按照行政机关的模式来构建的。1951年的《中华人民共和国人民法院暂行组织条例》第十条规定:"各级人民法院为同级人民政府的组成部分,各级法院的院长、副院长由同级人民政府人事部门任免。"在这一高度集中化的司法体制下,司法机关被完全纳入行政机关的序列之中,不仅外部呈现高度行政化的特征,内部也是高度行政化地运行。从形式上看,司法机关当时本身就是"行政机关"。1954年宪法虽然确立了"司法独立"的宪法原则,法院不再隶属于某一行政机关,但由于当时实行的是高度统一的计划经济体制,使得司法机关实际上依然在套用行政机关的模式构建和运行。其后,虽历经数次改革,但直至今日,司法机关依然和行政机关一样,设有相应的行政级别。在法院内部,审判员、书记员、法警和其他行政工作人员,实际上都被纳入行政级别的管理之中,每个人都有对应的行政级别,并且和政府公务员的行政级别完全一样。每晋升一级行政级别,都必须考试和考核,而法官等级晋升就不用考试,只是例行公事的考核。

2. 人民法院内部人事制度行政化

我国法院内部实行的人事管理制度,在很大程度上也是套用国家行政机关的模式,而且法官录用也被纳入统一的国家机关人事管理体系之中。虽然国家制定了《法官法》,用以专门构建法官人事制度,但我国法院系统内部却并没有切实推行这部法律,而是和行政机关一样,严格执行《中华人民共和国公务员法》,按照国家行政机关的人事制度管理法官队伍。从司法机关的招考录用工作中我们就可以看到,无论是考录工作的程序、办法还是考录对象,它们和政府机关录用公务员是完全相同的。绝大部分省、市也都把司法机关的人员招录纳入政府公务员招考工作之中,并由政府人事部门全程负责,经过考试选拔之后,再由人事部门统一分配到司法机关工作。这些"公务员"式的"司法干部"是我国法官的主要来源,他们通常会先担任书记员、内勤等辅助工作,待到经验、能力、资历(目前,必须通过全国统一的司法资格考试)有一定积累之后,大部分人就会被"提升"为法官。

除此之外,司法人事的行政化还体现在法院内部人员的管理方面。在法院内部,审判员、书记员、司法警察和其他行政干部,一律都参照公务员制度来管理,实行公务员的职务、级别、工资、考核、奖惩、休假、退休等制度的规定,而且在职务级别的晋升、工资的审批、考核等次的评定、退休的核准等人事事务方面也都是和政府公务员一样,由政府人事部门和地方党委的组织部门来办理。政府人事部门或党委的组织部门在人事管理方面,常常也把司法机关完全当作一个政府部门来对待,并无特殊之处。

3. 法官制度的行政化

法官在司法机关中处于重要地位,他们是司法体系中依法履行审判权的审判人员。法官在案件审理中是否正确地适用了法律,是司法公正能否顺利实现的重要条件。法官素质的高低、法官制度的合理性与否,已经成为司法体制改革进程中的一个重要问题。新中国成立初期,我国法官制度从一开始构建,就是按照党政干部制度的模式来设置的。根据1951年颁布的《中华人民共和国人民法院暂行组织条例》的规定:"各级人民法院院长、副院长由同级人民政府任免"。当时法官本身就是政府机关干部的一员,后来在历次司法体制改革中,法官制度虽有所改进,但时至今日,法官的职业依然有着极浓的行政色彩。1995年,八届全国人大常委会第十二次会议通过了《法官法》,该法对法官的定义进行了阐释,即"法官是依法行使国家审判权的审判人员",同时还详尽地规定了法官的职责、义务和权利,以及法官的任职条件、任免、任职回避、法官等级考核、培训、奖惩、工资、保险福利、辞职辞退、退休等问题。《法官法》的颁布,标志着我国法官制度迈进了新的发展阶段,为在法律上构建独立的法官制度奠定了必要的基础。但是自《法官法》颁布以来,并没有在审判机关中全面推行。如前所述,审判机关依然实行着类似政府行政部门的人事管理制度,人事管理参照政府公务员来管理。同政府公务员一样,法官也实行着"职位制和品位制相结合,以职位制为主"的职级制度,以及相对应的工资制度。在法官队伍中,也有副科级、正科级、副处级、正处级、副厅级、正厅级之分。同为法官,可地位上还仍存在上下级隶属关系。在法官的补充和选任方面,也有着浓厚的行政色彩,虽然近年来在学历和知识层次上法官的准入门槛逐渐增高,但是法官的选拔却依然和公务员选拔一样,需要经过地方政府人事部门或党的组织部门研究、审批。可以说,一名法官从进入司法机关起,就已经完全进入一个"行政化"的制度环境,法官在这一体制下,是很难保持"独立"的。

4. 人民法院审级间的行政化

根据《中华人民共和国人民法院组织法》的规定,法院实行两审终审制的审级制度。从法理上说,法院依照法律规定,可以独立行使其审判权,上下级法院之间应当是一种纯粹的审级监督和指导关系,而不应存在隶属关系和任何行政关系。但是由于法院本身被赋予了行政级别,导致其地位的行政化,因此在法院的实际运行中,上下级法院之间除了审级监督关系外,还实际地存在着一定的行政监督关系和行政指导关系。根据司法独立原则,法院作为司法机关在自己的审级中是独立审理和裁判案件的,法院对自己审理的案件也有独立判断并作出认定的权力。①上级法院对下级法院的审级监督应当通过上诉程序来实现。如果法院变成如同行政机关一样,就会通过所谓的请示、汇报、指示、命令来实现。但是,在我国司法实践当中,行政化的倾向十分严重,下级法院始终把上级法院当作自己的上级机关和领导来看待,遇到疑难或重大问题,马上向上级机关汇报、请示相关问题,以期得到上级机

---

① 参见胡夏冰等编著:《司法公正与司法改革研究综述》,清华大学出版社,2001年,第138页。

关和领导的答复,最后,上级机关答复的意见,会被作为内部事务处理或者案件判决的重要依据(这叫"内审",严重干扰和破坏了两审终审制和侵害了当事人的诉讼权利)。我们经常看到,某些地区的中级人民法院针对法院系统内部的党员组织建设、廉政建设、人事管理事务、业务培训等问题对基层人民法院发出通知,命令或指示基层人民法院在此类业务中如何办理,如何去做。在具体案件处理方面,最高人民法院还经常对地方各高级人民法院报来的针对某些具体案件的请示给予相关意见批复,而这些批复,实际是最高人民法院司法解释的重要组成部分,地方各级人民法院常常会把这些行政化的批复,作为审理案件的依据予以参照执行。

5. 审判业务上的行政化

依法独立审判是各级法院在审判业务中必须遵循的基本原则。从西方传统法学观点来看,法官必须独立地行使审判权。而长期以来,中国法学理论界和审判实践中的主流观点均认为,所谓"独立审判"的含义应是:"人民法院作为一个整体在行使审判权时的独立,而不是审判员的独立审判,也不是合议庭的独立审判"①。这种观点过分强调了审判权的集体行使,强化的是法院独立,而非法官的独立,实际导致了法官权力偏小,即使在自己负责审理的案件中,也缺乏独立作出决定的权力。再加上我们一直把法院当作"政府"机关,把法官当作"干部"看待,使得各级法院在审判业务方面所构建的制度,也一直与行政机关处理行政事务的制度类似,即"法院行政首长审批案件制度"。所谓"案件审批制度"就是指:案件经独任审判员或合议庭审理后,由独任审判员或合议庭提出对案件的处理意见,并同时向所属业务庭负责人和主管院领导请示汇报。相关领导对处理意见作出批示后,提出同意独任审判员或合议庭的意见,或者指出案件审理所存在的问题。

如果相关领导认为,在案件处理的意见上存在不公正问题时,独任审判员或合议庭则要根据上级领导的意见,继续对案件进行审理、调查,其后,对案件进行复议;如果相关领导同意处理意见,那么独任审判员或合议庭就可以制作相关文书,判决结案了。这样一来,在案件审理过程中,法官实际上只负责审理案件的事实,但如何适用法律,实际都是由领导审批。在这一过程中,领导的意见发挥着至关重要的作用。领导的权威意见均附在不对外公开

---

① 柴发邦主编:《民事诉讼法学》,法律出版社,1987年,第73页。

的副卷上或者只是口头的意见。这种由有关领导拍板的"暗箱操作"过程当事人自然是不得而知。可以看出,此时法官只是一个案件的具体"承办人",而并不真正具有实质性的独立审判权限,从而出现了所谓法官"只审不判"的奇怪现象。

与"案件审批制"类似,目前的审判委员会制度同样具有明显的行政化倾向。"审判委员会制"是我国独具特色的一项司法审判制度。《中华人民共和国人民法院组织法》第十一条明确规定:"各级人民法院设立审判委员会,实行民主集中制","审判委员会的任务是总结审判经验,讨论重大的或者疑难的案件和其他有关审判工作的问题"。因此,我国法院在审理重大或疑难案件时,合议庭一般都要将案件提交本院的审判委员会,通过集体讨论作出审判决定。客观地讲,长期以来,审判委员会确实发挥了一定的积极作用,尤其是在我国法官队伍整体素质水平较低的现实条件下,有效地保证了法院案件审理的质量水平。但事实上,从法理上来说,由审判委员会讨论决定重大或疑难案件的制度违背了审判的"直接原则"。因为在审判委员会的委员们中绝大多数人并不直接参加具体案件的庭审,他们主要是通过主审法官的汇报来了解案情。而直接审理原则的一个基本要求就是,法官必须直接参与庭审并听取双方当事人的陈述、当庭举证、质证和辩论。审判委员会的委员们没有直接参加案件审理的全过程,因此他们理应无权参与决定案件的处理结果。此外,从审判委员会的组成上看,它更像是一个行政组织,而非审判组织。目前,各级法院的审判委员会通常主要都是由正、副院长和各审判业务庭庭长组成,基本上是一个法院院领导和庭领导的组合。这一机构实际"带有明显的行政性质,是行政管理模式在司法活动中的集中体现"①。审判委员会讨论重大或疑难案件的会议形式,实际上也与法院行政领导召开领导办公会讨论重大行政公务的形式完成相同。

6. 审判机关职能的行政化

根据宪法的规定,人民法院最主要的职能就是依法行使司法审判权。各级法院是行使国家审判权的国家审判机关,而司法权的最核心内容就是审判权,故而审判权具有终局性、被动性、中立性、公平性的特点。而"司法与行

---

① 吴晓东:《审判运行机制改革需解决的三问题》,《人民法院报》,2000年6月2日。

政合一、衙门就是法庭无疑是中国传统司法体制的一大特色"①。

事实上,审判管理与行政管理是两种性质截然不同的管理行为。审判管理针对的是法律的适用活动,其本质是追求公正的法律判决;而行政管理针对的则是典型的法律执行活动,其基本价值取向是追求效率,强调服从是其管理的一个重要内涵。审判管理制度实质上是一个国家针对社会纠纷的法律解决机制,相对于行政执法等活动,审判活动及审判管理均具有明显的中立性、被动性、判断性、程序性和终极性。在这一点上,司法以公正为价值取向,以独立为基本原则。

然而从现实运行看,中国审判机关除了依法履行司法审判职能外,自身必然存在着大量内部的行政管理职能,比如后勤供应、财务管理、司法鉴定、法官队伍管理等非审判的管理职能,而这些职能大部分属于法院行政管理的范畴。虽然法院行政管理制度的设置和存在有其自身的必要性和合法性,但是事实上"法院的行政管理制度可能侵入、侵蚀审判制度,造成正式审判制度的变形"②。从本质上讲,行政权的主动性、倾向性、强制性,会与司法审判的中立性、被动性产生矛盾冲突。实践也证明,在司法机关中大量存在的行政管理活动,常常会使司法审判机关陷入错综复杂的社会关系之中,导致其丧失自身应有的独立性与中立性。并且,"正是中国法院内部有如此之多的行政性事务,使得该系统从内部就有一种对行政制度的需求"③,这也导致了司法机关管理制度的构建具有浓重的行政化色彩。因此,这正是我们今后要改革之处。

(二)司法体制行政化的弊端

司法审判权和行政权内在性质截然不同,所以审判机关和行政机关在制度构建上也应该有所不同。审判管理的制度构建必然要求保持中立,在行使职权时具有相对的独立性。如把审判机关的制度构建等同于行政机关来构建,用行政机关的管理模式来管理审判机关的业务活动,使法院的审判管理和行政管理没有必要的区分,会导致诸多弊端。

1. 破坏审级监督体系

从法理上说,上下级法院之间是审级监督和业务指导关系,但由于法院

---

① 刘武俊:《法官职业走出泛行政化定位的误区》,《人民日报》,2002年8月5日。

②③ 苏力:《论法院的审判职能与行政管理》,《中外法学》,1999年第5期。

内部存在的行政级别和外部管理体制上的行政化，会导致在实际运行中上下级法院形成实际的业务领导和行政隶属关系。目前，在法院实践中普遍存在着下级法院向上级法院汇报工作、请示问题，上级法院以上级机关的身份，对其"下级机关"的下级法院指导工作、批示案件、下达指示，有时还会到下级法院视察工作和亲自办案等非正常现象。事实上，这种指导和批示目前充当着下级法院案件审理的重要依据。例如，对于地方各级法院就有关案件的法律适用等问题的请示，最高人民法院有时会发布批复，虽然这种批复具有司法解释的性质，但从其产生过程和发挥的作用来看，它在很大程度上体现了上级机关对下级机关具体审判工作的批示或批复，具有极强的行政色彩。类似最高人民法院发布的司法解释等，已经威胁到以上诉为主要组成要素的审级监督体系。这种上级法院直接干预下级法院微观领域的案件审理，必将导致审级制度的名存实亡。[①]

2. 导致行政权干涉司法权

司法独立是现代法治的一项重要原则，也是确保审判业务活动得以公正、高效运行的基本保障。保持司法独立最核心的要求就是，司法审判机关必须独立于行政机关存在，并能依法独立行使审判权，而不受行政权力的干涉。宪法规定："人民法院依法独立行使职权，不受行政机关、社会团体和个人的干涉"。根据宪法精神，司法审判权的行使理应不受行政权干涉，但目前司法体制的行政化却实际为行政权干涉司法审判权提供了可能，严重破坏了司法审判权的独立性。事实上，中国司法机关在设置上就是依照国家行政机关的模式来组建的，特别是在地方层级，法院更是被人们视为地方党政机关的组成部门。法院在组织、人事、财政、编制等方面，都受地方党政机关的影响，甚至是直接管理。这使得法院在审理涉及地方利益的案件时，很难保持应有的独立性，地方保护、地方关系、地方行政权的干预等，会严重"损害国家法制的统一与威信，也和建设法治国家的目标相冲突"。[②]

3. 影响法官的独立审判

各级法院在对法院内部审判业务管理和行政事务管理上，基本都采用

---

① 参见张卫平：《论我国法院体制的非行政化——法院体制改革的一种基本思路》，《法商研究》，2000年第3期。

② 孔祥林：《影响司法公正的制度性缺陷分析》，《唯实》，2000年第3期。

了与国家行政机关类似的管理办法。虽然这种行政化的管理机制能实现高效、便捷，但它却违背了司法审判机关对于独立审判的原则要求。此外，法院在审判业务管理中实行的所谓"案件审批制"和"审判委员会制"，极大地破坏了法官的独立审判，导致主审法官实际上只有案件的审理权，没有判决的权力，无论大案小案，都要经过层层审批，由领导批示，形成最终判决。对于重大案件的审理，通常都需要上报审判委员会，由委员会中的行政领导们集体研究再作出决定。这样，庭审实际成为"走过场"，主审法官虽然在庭上直接听取了双方当事人陈述意见及其辩论意见，掌握了案件的第一手资料，但却没有独立的裁决权，而拥有裁决权的人，却根本不参与案件的实际庭审。这种"审判分离"的事实导致了"集体负责谁也不负责，集体思考谁也不思考，法官的个人能力和作用被削弱"①。这种所谓的"集体定案"、下审上定的做法，实际上使法院审判活动中的审判监督和两审制度流于形式，也破坏了应有的错案追究责任制度。

因此，司法机关应有别于行政机关，法官队伍的管理应有别于行政机关的公务员管理，不能以一般公务员的人事管理模式来管理法官队伍。②特别是不能按照行政机关处理公务的办法来处理审判环节的事务，用行政手段限制法官会严重破坏法院的依法独立审判。在法院的管理环节中，保证司法程序中的审判独立首先应确保法官自身的独立地位。只有保证了法官的独立审判权限，"才能使现代诉讼中帮助和制约法官作出正确裁决的一整套制度真正发挥作用，也才能有效贯彻司法责任制度"③。受人尊重的司法机关和法官依法独立审判是社会正义的前提和所必需的条件。培植法官的宪法法律至上、至威至信的理念，是现代法治和法律文化的精髓，并应逐步向全体国民灌输这一理念并秉持这一理念，这是实现法治国家的必要条件。

4. 严重影响了司法公正

在当今社会，追求公正应为司法的核心价值取向，如果偏离公正的轨道，司法就丧失其应有之意。司法权本身具有裁判性的权力，想要实现裁判的公正和正确，不仅应从立法上明确规定其独立性、中立性，更要从制度

---

① 孔祥林：《影响司法公正的制度性缺陷分析》，《唯实》，2000年第3期。

② 参见胡夏冰等编著：《司法公正与司法改革研究综述》，清华大学出版社，2001年，第176页。

③ 龙宗智、李常青：《论司法独立与司法受制》，《法学》，1998年第12期。

上予以保障。然而我国司法体制存在泛行政化的问题,在这种体制下,司法审判的独立性和中立性受到严重影响和干扰。同时,法院审判管理和法院行政管理的混淆存在,使得审判机关承担着大量的行政事务,不可避免地与地方其他行政机关和企事业单位密切联系,而行政权本身的主动性和倾向性特点,也极容易导致审判机关陷入现实的利益纠纷,这就使司法审判的公正性受到质疑。例如,地方法院受当地党委和政府的指派,参与居民区的拆迁工作,一旦有因拆迁纠纷引起的案件起诉到法院,法院立案审理,这样一来,法院既是"运动员",又是"裁判员",很难保证案件审理的公正性和权威性;再比如,每年"两会"期间,为确保京广线的安全与畅通,沿途基层人民法院的法官在当地党委、政府的统一指挥、部署下,还要承担"护路"任务等令人匪夷所思的现象存在,严重影响司法机关的独立性和公正性。

二、法院行政管理中存在的主要问题

(一)缺乏对审判管理权和行政管理权的科学认识

法院的审判管理有其自身的特点和规律,本质上要求保持中立和独立,并以司法公正为基本价值取向。法院的审判权自身对审级独立、审级监督等有着内在要求,因此如果实行垂直的行政领导,必然会破坏审判的独立性,这样,即使实行三审终审制度也会成为事实的一审终审。而法院行政管理权在本质上属于行政权限,其追求快捷和效率的目标客观上要求建立起行政化的上下领导关系,而必然在价值追求上排斥中立性。在法院内部的管理中,两种不同性质的权力同时存在,必然增加了管理活动的复杂性,如果处理不当,极容易导致两种管理的混杂,如当前法院审判管理的行政化趋势。

在现今的法院实际运行中,普遍存在着上级法院负责对下级法院领导干部的任用考核,下级法院的各项工作通常也都是依据上级法院的直接指导进行。上级法院直接参与下级法院的检查、评比等活动,尤其是下级法院的审判工作也需要向上级法院请示、汇报。对此,有的学者曾指出:"中国法院行政化的问题出在法院系统内部这两套分别用来处理两类不同性质问题的制度上,即审判制度和司法行政制度"[1]。法院的行政管理权应是用以辅助

---

[1] 苏力:《论法院的审判职能与行政管理》,《中外法学》,1999年第5期。

审判制度的,而不应实际侵犯审判权。但是,在实际运行中,由于两套管理制度没有明确的界限区分,而混合存在于同一机构中,在诸多交叉的空间中实际运行着。由于在管理制度设计的环节没有进行审判管理和行政管理的必要区分,直接导致了法院内部必要的行政管理职能与宪法法律规定的司法审判职能在实践中被混为一体,法院行政管理实际参与了许多理应属于法院审判管理职能的领域。

(二)对司法行政机关的存在价值缺乏科学认识

西方大多数国家都有司法行政部门,独立行使法院的司法行政事务的管理工作。①在国外"小政府"的行政管理理念下,政府之所以动用大量的财政投入专门设立一个独立的司法行政机关,是有着重要的制度安排的:一方面,可以发挥对司法体制的制衡作用,在西方国家,审判机关和司法行政机关通常会形成司法体制上的监督制约关系;另一方面,可以适应不同性质的权力运行规律的内在要求,使其独立承担司法行政事务的管理和执行工作,确保司法中立,保障司法公正。

有人提出,中国司法行政机关可有可无,这实际上反映了一些人缺乏对司法行政机关独立存在价值的科学认识。世界司法体制发展的实践证明,一个国家法治化的程度越高,其司法机关在国家管理中发挥的作用就相应越大。还有人认为,中国并没有实行西方的"三权分立"制度,因此不适宜采用西方国家由司法行政机关负责法院行政管理事务的做法。事实上,中国虽然不实行"三权分立",但法院在司法体制中的专业化分工是客观存在的,并且各国司法审判活动的一般规律在本质上是相通的。独立审判等原理同样适用于中国。当司法活动违反客观规律的要求时,司法实践必然会出现各种各样的问题。党的十六大明确提出要"逐步实现审判和检察同司法行政事务相分离"的改革目标,实际正是对司法活动客观规律正确认识的结果。

(三)过度行使司法行政权侵犯了审判核心职能

如今,法院内部一般都设有大量的行政职能机构,例如,人事、政工、纪检、监察、办公室、培训、技术、装备、法警等,机构设置在职能上互相交叉,实际上导致了法院内部行政管理权的膨胀。当前,国内法院内部的行政管理事务主要包括:①执行环节中裁定的执行、刑事判决刑罚的执行和刑事附带民

---

① 英国由于历史原因没有司法部。

事判决的执行;②对法官人选的考察与推荐,对现任法官的考核、晋升、福利等的决定,以及对法官队伍的培训、奖惩;③对法官系列以外人员的管理,包括法院行政人员、辅助人员的编制、工作分配、考评、福利等;④法院财务管理,包括法院经费预算与执行等;⑤法院机关事务管理,包括法庭建设设计、办公自动化、工作场所维护、安全保卫等;⑥卷宗档案管理、图书资料、课题研究等等。其中, 与案件审判直接相关的司法行政工作主要体现在立案登记、排期、分配,诉讼费用的管理工作等方面。

根据统计资料显示,每10万人口数中包含法官的人数为:中国21.5人,美国11.6人,法国8.4人,英国6.1人,日本5.7人,德国2.6人,中国位列第一。中国有30万人以上的法院队伍,位居首位。在这只庞大的队伍中,实际有二分之一以上的人并不从事具体的审判业务, 这也从侧面体现了法院内部容易出现司法行政化的问题。法院行政管理很容易直接或间接地侵犯司法审判职能。对此,有人曾质疑:"一个法院有一半以上的人不办案还是不是审判机关?"①这些现实问题,确实淡化了法院审判这一核心职能。

行政管理人员的比例过大也容易导致编制膨胀,使法院财务经费的负担较重。并且,后勤和行政部门的中层领导及工作人员有时与审判人员存在交叉使用,一些审判业务骨干为了能得到提职晋级的机会,更愿意到这些行政机构谋求发展;复杂的夫妻、父子、兄弟、姐妹等亲属关系,也常常在同一法院内部存在,这种复杂的关系网,也会直接或间接地影响审判业务的司法公正。

(四)中国传统司法文化的思维桎梏

法院管理制度的发展与一国特定的司法文化传统有着密不可分的关系。在中国特定的司法文化传统的影响下, 中国古代司法制度有着如下特点:司法与行政不分,司法隶属于行政,崇尚工具主义的司法观念;强调等级差别,维护特权;奉行道德至上的评断标准,司法官员缺乏基本的法律素养等。这些传统观念中的某些惯性思维方式,至今仍严重羁绊着中国法院管理制度的发展和进步。当前,在建设旨在实现自由、平等和充分保障人权的法治国家的进程中,应恪守"法律必须被信仰,否则它将形同虚设"②的理念。传

---

① 刘海亮:《司法体制改革的关键:完善职权划分 清晰角色边界》,《司法研究》,2003年第2期。

② [美]伯尔曼著:《法律与宗教》,梁治平译,生活·读书·新知三联书店,1991年,第14页。

统司法文化中的一些陈旧司法观念显然已不能适应当前司法改革的需要。

司法文化实际构成了观念层面的司法,即"存在于人们意识形态中的对司法的认知、理解和价值评判,是经过长期司法实践的发展而在人们的心理的深层积淀"①。一方面,司法文化具有保守性,是每次司法变革面对的主要惰性力量,会为司法变革设置障碍;但另一方面,观念层面的司法也有容易接受新思想、新观念的特点,因而司法文化常常又具有一定的超前性,从而在思想上推进司法的变革。当代中国的司法文化实际受到了西方司法理论、司法文化等的影响,因此在司法改革的过程中,"中国传统司法文化,社会主义司法文化与西方自由主义司法文化之间必然发生碰撞"②。

法律是一种文化的表现形式,如果不经过某种本土化的过程,它便不可能轻易地从一种文化移植到另一种文化。③与西方崇尚法治、尊重权利、倡导分权、理性至上的自然法不同,中国传统司法文化受儒家文化的熏陶和影响,从来都是一个人治的社会,百姓崇尚明君清官,不推崇良法、威法。

① 夏锦文:《社会变迁和中国司法改革:从传统走向现代》,《法学评论》,2003年第1期。
② 苏力著:《法治及其本土资源》,中国政法大学出版社,1996年,第59页。
③ 参见[美]格伦顿等著:《比较法律传统》,米健等译,中国政法大学出版社,1993年,第6~7页。

第四章　法院管理的国际比较及其启示

第一节　管理模式

通过对世界上具有代表性的国家法院管理定量定性的研究发现，法院的司法行政事务管理有三种形式。

一、英国法院管理模式

英国法院管理模式是由独立于法院、司法行政部门的专门机关负责的模式。由于历史的原因，英国的法院结构比较复杂。首先，英国存在着三大法域——英格兰和威尔士、苏格兰、北爱尔兰。这三大法域的法院结构虽不尽相同，但一般而言，它们的共同性就是依诉讼的性质和向法院提起诉讼的案件标的（subject-matter of cases）来确定其司法管辖权。其次，现代的英国法院组织系统是其历史上曾长期存在的普通法院与平衡法院发展的结果，这两大法院系统通过19世纪的司法改革，不仅基本上消除了其过度的纷乱和形式化色彩，而且形成了一套较为统一的法院组织体系。现行的英国法院组织结构不完全是垂直的金字塔式的，它从层级上分为高级法院和低级法院；从审理案件的性质上可分为民事法院和刑事法院。

传统上英国一直没有司法部，法院系统各方面的管理均由不同的国家行政部门负责。司法行政事务由大法官办公厅（Lord Chancellors Department）、内政部（Home Office）、国家法律官员办公厅（Law Office Department）和财政部联合掌管。2003年6月12日，国家设立宪政事务部（Department of Constitutional

Affairs)取代了大法官办公厅①,与内政部等共同进行法院行政管理。英国还准备成立一个独立的法官任命委员会负责法官选拔等工作。宪政事务部下设二十多个司局,该部主要的职责有:通过皇家法院服务署管理法院、改善刑法的执行、制定高效便利的政法庇护权申诉程序;对弱势群体提供法律帮助,以确保公民权利义务的实现等职责。英国地方法院(低级初审法庭)与英国高级法院(即低级初审法庭以上的各级法院)基本属于两种完全分离的法院系统,具有不同的法官、经费来源和管理机制。在英国司法系统中,财政经费与任何其他政府部门的经费进行同样的分配。其基本办法是,大法官和大法官办公厅与财政部协商,并起草司法预算,然后由政府将司法预算递交议会进行投票。司法预算在议会通过后,大法官在其办公厅的协助下,根据各种法律需求进行经费分配。作为大法官有责任向议会解释议会通过的司法预算的开销情况。

总体而言,英国法院的司法预算和经费分配受行政机关的干预比较多,司法部门需要依靠行政机关协助其完成自身运行必需的财务管理事务。但是,在长期的实践中,这种由行政机关负责司法机关的经费管理,并未真正构成对司法独立的威胁或破坏。其根本原因在于,大法官的特殊宪法地位决定了在法官认为有必要增加经费的情况下一般均可得到所需的经费分配。

二、法国、德国法院管理模式

法国、德国法院管理模式是以司法行政部门为主导的模式。

法国司法部是司法行政机关,是法国历史最悠久的六个部门之一,负责管理法院系统的行政组织、人事调动和活动经费等方面的事务。下设办公厅、司法事务司、民事与司法司、刑事与特赦司、总务与装备司等部门。办公厅主要处理司法部与法院、政府机关之间的来往文件、其他信访事件等,并负责与新闻界建立联系;司法事务司主要负责法院的人事工作,如法官的任命、指派、临时调动、日常管理,其他司法工作人员的招聘、任用和管理,制定

---

① See R. Brazier, *Government and the Law; Ministerial Responsibility for Legal Affairs Public Law*, 1989, p.64. 2003 年 6 月 12 日,英国成立宪政事务部,取代了大法官办公厅,至此,集法官、上议院议长和主管司法的内阁部长的传统的大法官办公厅的时代结束了。

各项人事工作规章条例,培训各类司法人员等;总务与装备司集中管理司法部的财政与物资装备,保证司法部动产、其他设备和资金的供给,最终保证司法部各部门的正常运转。

德国司法部专门负责法官的选任、提供经费和管理其他的行政事务,并直接负责刑事、民事的执行事务等。由于德国是联邦制国家,因此州法院的司法行政事务,通常是由各州的司法部专门负责。在个别的州,例如巴伐利亚州,其法院的司法行政事务由州的内务部负责,其劳工法院的司法行政事务由州的劳动部负责管理。

三、美国法院管理模式

(一)概况

美国采用的是由国会或议会领导下的行政组织来管理法院的模式。下面主要分析的是联邦法院系统的管理框架。

1. 联邦司法委员会(或联邦司法协商会)(Judicial Conference of the United States)

联邦司法委员会是由国会建立的国家一级联邦司法部门政策制定机构,是法院司法行政事务管理的决策机构,并向国会负责。联邦司法委员会由联邦最高法院首席大法官主管,其成员还包括各联邦巡回上诉法院的首席法官、来自每一巡回区的一位地区法官和国际贸易法庭的首席法官。联邦司法委员会的成员只限于法官,不包括行政部门和立法机构的成员。

2. 联邦法院行政管理局(Administrative Office of U.S.Courts)

作为联邦司法委员会的秘书机构,国会在1939年建立联邦法院行政管理局的目的是为了执行联邦司法委员会制定的规定和政策。在这之前,都是由1870年成立的联邦司法部(Justice Department)负责联邦法院的管理工作。联邦司法委员会负责监督和领导联邦法院行政管理局的工作。管理局局长,由联邦最高法院首席大法官在征求司法会议的意见后,进行任命。联邦法院行政管理局统一负责全联邦法院日常行政事务的运行,其工作范围包括人事、工资、办公用品、信息服务等管理事务。但实际上,并不是在每一个联邦法院都设立行政事务管理局。

3. 联邦司法中心(Judicial Center)

联邦司法中心也是由国会设立,联邦司法中心的行政委员会通常由联邦最高法院首席大法官、联邦行政管理局局长、两名联邦巡回上诉法院法官、三名联邦地区法院法官及一名破产法法官共同组成。联邦司法中心主任由该中心的行政委员会任命产生,通常是由联邦法官来担任。

4. 联邦巡回司法委员会(Circuit Judicial Council)

国会为每一联邦巡回区所属的法院建立了联邦巡回司法委员会,负责管理有关巡回区内的所有司法工作,但其管理行为不得与联邦司法委员会的活动冲突。在成员组成上,各联邦巡回司法委员会由巡回区内联邦上诉法院的首席法官和同样数量的联邦上诉法院法官与联邦地区法院法官共同组成。其他法官有时也可被任命为该委员会的非投票观察员。通常,联邦巡回司法委员会每年至少开两次会。

(二)法院的内部管理

1. 联邦法院的内部管理

法院内部的全部行政管理工作由联邦最高法院的首席大法官以及联邦上诉法院和地区法院的首席法官分别负责。其中,最高法院首席大法官负责承担有关整个联邦司法系统的行政事务,例如担任联邦司法委员会主席和联邦司法中心理事会主席。此外,首席大法官还负责选拔联邦法院行政管理局的局长。首席法官承担的一项主要责任是负责所属法院的财政预算工作,并且负责对法院全体非司法人员的人事管理。同时,还要承担其所属法院之外的行政责任,包括承担其巡回区内联邦地区法院的一些行政责任。虽然联邦巡回区和地区法院的行政总管承担了首席法官的部分行政责任,但上诉法院的首席法官们依然将相当部分的工作时间花在行政管理事务方面。[①]

2. 法官与法院的行政管理

依照美国的司法传统,由法官管理法院。前联邦最高法院首席大法官威廉·霍华德·塔夫脱(William Howard Taft)曾讲过,历史上每位法官都在一个松散的法院系统中以"自己掌船"的方式管理其法庭。这种现象的主要原因是,20世纪50年代以前,美国法院系统所具有的分散性和隔离性。正因为没

---

① See Russell R. Wheel and Charles Nihan, *Administering the Federal Judicial Circuit: A Study of Chief Judges' Approaches and Procedures*, Federal Judicial Center, 1982, p.55.

有任何负责行政管理的机构来协调法院事务，法官们各自按其认为合理的程序和政策行事。在后来的法院改革运动中，有些人提出了改变法官管理作用的建议。根据庞德提出的统一和简化法院管理的建议，法院系统应建立一个负责统一行政管理的金字塔形组织。其具体的做法是：由最高法院首席大法官负责全面管理和监督整个司法部门的具体工作；首席大法官拥有最高的行政权力，负责各司法区之间的法官调动与分配，并负责制订各司法区的统一诉讼程序；在初审法院的每一分支或主要部门都设有主管法官，以协助首席大法官处理地方性的行政管理事务。"这种将行政权力集中在法官手中的概念成为司法改革思想的主要支柱之一，并在日后的改革中予以借鉴和采纳。"①

由此可见，虽然西方法治国家实行"三权分立"的司法制度，但绝大多数国家法院的司法行政事务并不是绝对独立的，要么由司法行政机关管理，要么在国会（议会）的领导下由法院管理，没有法院自己独立管理的范式。

第二节　管理机制

一、管理机构的设置

有些国家的法院行政事务由司法部或司法部主导的司法委员会管理，如法国、德国、加拿大、澳大利亚等；在议会领导下，主要由法院自己管理司法行政事务的国家有美国、日本、韩国、俄罗斯等，但由法院自己负责管理司法行政事务的仍然占少数。即使是法院自己管理司法行政事务，也并非由法院完全独自管理，例如刑事或民事的执行、法官的背景调查、司法考试等，均由司法行政部门协助管理。英国属例外，因没有司法部，其司法行政事务由独立机构管理。

虽然有些国家建立了司法委员会，但大多数国家的司法委员会的管理职能仍然依托司法部，由司法部具体执行司法委员会的决议。如美国、日本

---

① See Steven W. Hayes, Cole Blease Graham, Jr.（编辑），*Handbook of Court Administration and Management*, Marcel Deckker, 1993, pp.222–225.

和俄罗斯的法院司法行政事务最初一般是由司法行政机关管理的。在经历了一定的历史发展阶段之后，因不同的原因将法院部分司法行政事务管理权分离出去。具体做法有：

（1）美国

设置司法行政机关之初，一般是由司法行政部门管理法院的行政管理事务。美国在建国以后的一百多年里，法院的行政管理事务实际一直是由司法部负责管理，直到1939年，法院的司法行政事务管理权才移交给国会设立的专门机构负责。

美国移交法院行政管理权是基于美国的司法部权力过于集中的问题，更有利于分权制衡。例如，美国司法部管理和监督联邦检察系统，负责指导联邦地方检察官工作；管理和监督联邦的警察队伍；负责侦查危害国家安全的约200种罪行；管理和监督联邦所属的全国监狱系统；协助起草联邦的法律规程；充当总统或政府的法律顾问；对违反联邦法律的各种犯罪活动包括颠覆活动等案件，进行调查和提起上诉；执行移民法、国籍法和有关麻醉品管理的法律；依法对公民予以法律上的保护和援助；保护商业的公平竞争环境等等。

（2）日本

日本于1871年专门设置了司法省，建立了司法与司法行政的合一体制。1875年，日本创立了大审法院作为其最高法院，并使其与掌管司法行政的司法省区别开来。第二次世界大战后，经过修宪和1947年制定的《法院法》，法院从司法省分离出来，其后，司法省法务厅改为法务府、法务省。法院专门成立了负责部分司法行政事务管理的法院事务局。

日本的情况，主要是由于第二次世界大战的失败，日本修订了和平宪法，被迫接受了美国式的三权分立体制，并参照美国法院行政管理的模式。1947年后，日本制定了新的《法院法》等法律，正式确立了由法院负责管理自身的部分司法行政事务。

（3）俄罗斯

苏联的法院司法行政事务一直是由司法部负责。1991年苏联解体后，由于俄罗斯处于动荡的社会急剧转型时期，财政非常困难，司法部难以解决其自身的财政问题，1997年被迫将法院的司法行政事务管理权交由在议会领导下的最高法院，直属司法司负责，并将司法行政部门的性质重新定位为国家的执行机关,不再负责管理法院的行政管理事务。

考察各国的司法委员会的设置我们可以发现，各国之间存在着以下主要差别:第一,司法委员会依托的主体不同。美国依托国会;法国、德国、意大利等依托司法部;南非等依托法院。第二,司法委员会的机构性质不同。包括实体性的机构、临时性议事机构、宪法性的机构、非宪法性的机构等类型,其中临时性议事机构居多。第三,司法委员会职能不尽相同。法国、德国的司法委员会负责管"人";美国的司法委员会既负责管"人",又负责管"事",但总体而言,管"人"的较多。第四,在负责管"人"的范围上不尽相同。西班牙、葡萄牙的国家司法委员会只负责管理"法官"的有关事项;法国、意大利的国家司法委员会则负责管理"法官和检察官"。除以上主要差别以外,各国司法委员会的设置也有相似之处，即绝大多数国家的司法部长均在司法委员会担任重要的领导职务。其中法国的司法委员会由总统担任主席,由司法部长担任副主席,其司法委员会实际是决策机构,其具体执行主要由司法行政部门负责;美国则由首席大法官担任司法委员会主席。

二、管理的具体内容

(一)联邦司法委员会的重要职责

联邦司法委员会的成员只限于法官,不包括行政部门和立法机构成员。为了履行作为联邦法院的国家一级政策制定机构的责任，联邦司法委员会主要负责以下工作:①调查各法院的情况,起草联邦巡回区和地区法院的法官名额分配计划;②向各联邦法院提出加强管理程序一致性的建议;③批准和向国会提交立法提案、预算请求,以及就等待通过的立法提案对法院的影响提出意见;④向联邦最高法院建议诉讼程序规则和证据规则;⑤处理联邦巡回上诉法院对法官的处分或罢免程序的建议；⑥建议增设联邦巡回上诉法院和地区法院法官的职位，以及制订有关破产法官和审裁法官或限权法官的选拔和人数的规则;⑦制定和提出有关法官管理的其他规则和建议。

联邦司法委员会还负责监督和领导联邦法院行政管理局的工作，以及负责挑选六名法官任联邦司法中心董事会董事。联邦司法委员会的大部分工作通过所属的各委员会执行,各委员会成员由联邦最高法院首席法官指定。

（二）联邦法院行政管理局的职责

联邦法院行政管理局在不同地方和不同规模的法院不尽相同，它的工作职能很繁杂，包括了我国法院的政治部的部分、办公室、行装处、服务中心的一部分事务性工作，以及各业务庭室的事务和政务性工作。其职责主要是执行联邦司法委员会制定的规定和政策，它本身不制定政策。具体职责有负责全部联邦法院的日常运行，包括人事、工资、器材与办公用品、收集信息等事务。它也起着司法委员会的秘书和合同执行者的角色，为联邦法院的运行提供项目管理和行政支持，制订长期的计划和预算，并协调司法部门的建筑和设施的管理。联邦法院行政管理局局长由联邦最高法院首席大法官任命。

（三）联邦司法中心的职责

联邦司法中心专门负责开展对法官和法院人员的培训，并负责衡量联邦法院所需使用的新技术。当联邦司法委员会及其各小组提出要求时，联邦司法中心还负责向这些机构提供咨询和教育支持等。

（四）联邦巡回司法委员会的职责

国会还为每一联邦巡回区所属的法院建立了联邦巡回司法委员会。各联邦巡回司法委员会有广泛的权限，全权管理有关巡回区内的司法工作。该委员会的具体责任是向联邦司法委员会推荐新法官人选，审核联邦地区法院的规则，监督法院的工作量以及批准法官助理和辅助人员的雇用。该委员会的职责还包括审核所属法官的不良行为报告，建议对因不良行为受控的法官进行处分，以及完成其他联邦司法委员会交付的具体工作任务。

从世界范围看，各国法院的核心业务主体无疑是法官。然而在日常工作中，法院的具体行政事务工作也离不开法院行政管理人员。因此，如何在法院内部建立起一个科学的法官与法院行政官员管理制度体系，保证法院各项工作的顺利进行，已经成为各国共同面对的课题。各国的实践表明，法官应成为法院核心业务的主要负责人，在美国，宪法和法律对此均有明确界定。但是在各国，有关法院内部的行政管理职责普遍缺乏明确的制度规定，因此目前各国法院设立专门行政管理职位仍有待于论证和探索。但从实践情况来看，法院实行法官审判业务和法院行政事务的分类管理，能使法院审判管理和行政管理的有效性和实效性均得到加强。有效的法院行政管理系统为所有的法官执行审判业务提供了有效保障，同时，也为法院的整体发展创造了有利的环境；高效的法院行政管理，可以推进法院的各项政策被更好地执行、监督和推进。

第三节　比较与借鉴

一、比较

同各国法院一样，我国法院系统内部也存在着审判管理和行政管理两种管理制度和管理活动。两种管理在性质上的截然不同，势必会产生诸多不协调和矛盾之处，同时，对法院的主业——司法审判造成了严重影响。具体表现在：

（一）法官人事管理行政化

法院中的政治部是负责法院人事管理工作的机构。法官的晋升、奖惩、离任、辞退都是由法院的政治部按照行政机关的人事管理模式来运作的。在这种模式下，法院中从事审判工作的法官和从事非审判工作的人员都被称为"干部"或"干警"，两者间质的差异便没有得到明晰的区分。同时，法院中法官间的官阶设计也完全引入了行政机关系统内所使用的等级模型（科级、县处级、厅局级、省部级等），它不仅意味着政治待遇的差别，还显示出一种等级服从的位阶和责任的大小，其或是一种能力素质的差别。它强化了行政位阶高低之分、等级之分，强化了高位阶法官的地位和影响力以及低位阶法官被领导和顺从的地位。这种不利于法官独立作出判断的管理模式势必加大司法判决的不确定性，并且为不正当权力干预司法活动提供了便利。

（二）司法人员素质偏低，司法效率不高

与西方发达国家相比，中国司法人员虽然数量众多，但素质普遍偏低，而且对法官任职资格条件的要求是较低的。据记载，在2007年全国法院系统25万名干部中，本科生占5.6%，研究生占0.25%。从法官队伍的来源上看，主要由政法院校毕业的学生、复转军人和社会招干人员组成，且后两种人数占较大比例。而在国外，大部分国家的法官都是由社会精英组成，并且需要经过严格的遴选和系统的培训，专业化程度和职业素养都非常高。目前，中国司法队伍中非专业化倾向和司法素质的偏低，也构成了现行司法腐败、办案水平低下的主要原因之一。

实行依法治国,建设社会主义法治国家,必须建立一支高素质的司法队伍。既要改变现行的用人制度,面向社会尤其是面向政法院校公开招聘一批业务素质好、廉洁勤勉的人员,又要对在职的司法人员加强培训,不断提高其办案能力。

(三)司法责任制不完善

诉讼本身的复杂性及处理诉讼案件所需的程序性决定了审判工作的特殊性,所以必须对其进行科学管理,并应同行政工作进行严格区分。但几十年来,中国的司法工作由于长期受到行政管理方式的影响,形成了司法工作行政化的倾向。在现行体制下,同级别的法官间是谈不上平等的。对于一个无行政职务或职务较低的法官来说,在他上面的层层领导都可能会在一定程度上行使批示或建议的权力,从而导致法官不是以个人身份而是以法院工作人员的身份出现在审判程序中。还有,由审判委员会或行政性质的庭务会以集体负责的名义行使对案件的裁判权的做法在很多法院也甚为流行,形成了“审者不判、判者不审”的局面。这种由集体作出的裁判结果原则上其责任也自然由集体承担,但其实质是谁也不承担。另外,下级法院向上级法院的请示制度和上级法院向下级法院的指示制度也大量存在。这些带有明显的行政工作色彩的做法,不仅与世界各国通行的法官独立原则相悖,也违反了中国宪法确定的上下级法院间为监督关系而非领导关系的原则,不符合司法工作的特殊性。而且,随着诉讼案件的数量大幅度上升,法院的工作效率面临着极大的挑战,而法院系统中的行政化管理方式又造成了法官责任心的欠缺和审判工作的低效率,使司法正义难以实现。

二、借鉴

为了确保法院和法官依法独立行使审判权,使地方各级法院在人、财、物上摆脱地方政府的限制,避免法院行政管理与法院审判管理两种性质截然不同的管理方式相互混同的现象,我国应借鉴国外大多数国家的做法,将法院人、财、物管理支配权独立于地方政府,将法院人、财、物的管理这一带有明显行政化特点的法院行政管理事项独立于法院(后面章节还有详细论述),由司法行政机关统一行使,确保司法公正和高效。为体现司法权的统一性,在司法人员的任免程序及方式上也应充分借鉴国外的先进经验,将地方法院的法官由地方权力机关选举和任免改为由国家元首或最高人民法院的院长根据一定程序任命。另外,要加强对法官保障制度的建立。在职位保障上,应实行不可更换制,非法定事由和法定程序不得随意弹劾或撤换;在物质保障上,应实行一定程度的高薪制和不可减薪制。

因此,有必要完善庭长审核、院长审批、审判委员会决定案件的制度;必须取消上下级之间的请示、指示制度。在实践中,为保证案件审判的质量,可以考虑对某些重大或疑难案件,院长或庭长直接参与案件的审理,可以将审判委员会设置成为一种审判咨询机构,其组成成员由一些资深法官和法学家构成,当合议庭遇到重大或疑难案件而产生分歧时,可由该咨询机构提出处理意见供其参考,由合议庭决定是否采纳。

第五章　国内法院管理改革的实证分析

第一节　法院审判管理中的独立审判缺失

独立审判原则是法院审判管理行为的内在要求。当前,法院审判管理的独立性障碍不仅来自内部,也来自外部因素的影响。本节将主要探讨外部视角下的独立审判缺失。

一、陕西《关于建立法院、检察、公安三机关刑事工作沟通协调机制暂行办法》的出台

2010年3月,为了促使公检法三机关进一步加强刑事工作的沟通协调,提高刑事办案质量和效率,陕西省委政法委、省法院、省检察院和省公安厅出台了《关于建立法院、检察、公安三机关刑事工作沟通协调机制暂行办法》。这一《办法》的出台,有违刑诉法规定三机关应依法独立办案,分工负责、互相配合、互相制约,以保证准确有效地执行法律的基本原则。

该办法规定,法院、检察、公安要牢固树立办理刑事案件"一盘棋"的理念,严把事实关、证据关,防止使本应判处被告人死刑的案件,因事实和证据问题而降格处理,影响打击犯罪的力度。在破获、起诉重大刑事案件后,公安、检察机关不应在人民法院作出终审判决前,将案件的关键证据和详细案情向外发布。在刑事案件的侦查阶段和审查起诉阶段,对可能判处财产刑和刑事附带民事诉讼的案件,应积极做好相关的工作,包括查封、扣押涉案财产,实际调查犯罪嫌疑人、被告人的赔偿能力等,并以案结事了、社会和谐的基本目标为出发点,积极做好刑事附带民事部分的调解工作,以有效减少、化解因刑事案件产生的不必要的社会矛盾。对于公安、检察机关来说,在移

送案件环节,除实物已退还或实物不宜移送等客观原因以外,原则上应将关键物证随案移送。检察院在起诉书或者案件庭审中,可根据调查提出相应的量刑建议,也可派专员列席法院的审委会及刑事案件审核组会议。在宣判裁判结果前,人民法院对可能判处无罪的案件,应与检察、公安机关沟通。

公检法对刑事业务干部的绩效考评,应以办理刑事案件的质量和效率为主要依据。刑事案件确因办案人查证事实不清,证据不足,被退回补充侦查或发回重审后,没有进行积极补查,或者因丧失补查时机而造成案件被宣告无罪或者降格处理的,在年终考评时,应对其扣减相应的分值。要建立法院、检察、公安三机关之间的刑事业务骨干交流锻炼制度,使他们全面了解掌握侦查、起诉、审判业务,成为精通各方业务的复合型人才。[①]

二、司法改革实践与法院独立审判原则的背离

司法改革的实践通常是在中央和最高司法机关的统一部署下,依据"体制统一性"的原则,自上而下推进。原则上,对于体制性的问题,不允许各地方独立进行探索性改革;而对于司法运作的工作机制和方法等具体问题,地方司法机关可以尝试探索和改革,以确保司法改革目标和法律原则的实现。司法改革实践在中央和地方层面的空间划分,既保证了国家司法体制的整体统一性,也适应了地方司法运行机制变革的切实需求。但地方具体司法工作机制的改革,必须在中央司法改革的整体统一性原则下进行,必须在现行法律原则和制度框架内进行,不能偏离我国司法体制改革的正确方向,特别是不能走"回头路"。

近年来,在推进司法独立,特别是落实独立审判原则方面,中国司法取得了一定的进步。《刑事诉讼法》《律师法》的修改,都为进一步强化刑事诉讼的辩方力量方面作出了积极努力。中央确定的"司法改革方案"和最高人民法院的《人民法院第三个五年改革纲要(2009—2013)》,都强调了必须建立和完善符合司法审判规律的诉讼权利体系,不断规范人民法院接受检察机关法律监督的内容、方式和程序,科学安排控、辩、审三者在刑事诉讼中的相互关系,以保持控辩双方的力量平衡,确保法院免受外部力量的影响,依法

---

① 《陕西公检法建立刑事沟通协调机制》,《陕西日报》,2010年4月1日。

独立行使审判权。但至今为止，"公检法是一家"等顽疾并未得到彻底解决。

陕西省以建立"刑事沟通协调机制"为目的而制定了《关于建立法院、检察、公安三机关刑事工作沟通协调机制暂行办法》，其中规定："人民法院对可能判处无罪的案件，应在宣判前与检察、公安机关沟通"。此前，地方人民法院进行无罪判决时，从来无须与被告人及辩方沟通。这将进一步加剧控方对于审方决断的牵制力，不利于保障人民法院依法独立行使审判权。这一新规定不仅缺乏法律上的依据，而且实质上是对法院依法独立行使审判权的制约，对控辩地位平等与权利平衡原则构成了冲击与破坏。

中国司法实践中，"公检法是一家"的思维是一个根深蒂固的顽疾。在实践中，法院与控方（检察、公安）"走得很近"，关系密切。在政策制定、案件的研究、讨论等方面，法院与控方进行的所谓"沟通"过多，缺乏必要的制约和监督，双方之间可以进行通畅的交流；而对于辩方（被告人及其辩护人）则始终有各种类似"隔离带""防护墙"式的规范与禁令。一些地方司法机关陆续出台的关于强化控审合作、削弱审辩沟通的制度，更是进一步加剧了业已失衡的控辩关系，同时也加大了控辩双方各自对法院影响力的差距。

陕西省出台《关于建立法院、检察、公安三机关刑事工作沟通协调机制暂行办法》，显然是"公检法是一家"的旧思维的延续，与20世纪80年代在无视当事人权利保障的基础上进行的公检法"联合办案""一条龙"工作模式等，没有任何本质区别。这种所谓的"刑事沟通协调机制"不仅达不到预期的效果，更会严重侵害独立审判原则。这种走"回头路"的做法，是与我国司法改革方向背道而驰的。

三、外部视角下的法院独立审判缺失

1954年宪法曾规定："人民法院独立进行审判，只服从法律。"法院依法独立行使审判权是一项十分重要的宪法原则。在刑事法领域，坚持和维护法院依法独立审判，不仅是对宪法、《刑事诉讼法》确立的基本原则的贯彻，而且对于保持控辩双方之间的诉讼权利平衡和维护被告人的合法权益同样意义重大。

长期以来，我国法院审判的行政化、官僚化色彩浓厚，"法官除了法律没有别的上司"的观念得不到认同和贯彻落实，法官依法独立审判的现代司法

理念尚未真正树立起来。同时,案件的发回重审、改判率一直是考核一名法官办案水平和工作能力的主要指标。为了减少办"错案"的概率,下级法院不得不通过请示汇报来与上级法院保持"步调一致"。这也是"案件请示"盛行的重要原因。

我国宪法和刑诉法都规定,公检法进行刑事诉讼,应当分工负责,相互配合,互相制约。《刑事诉讼法》第三条规定了专门机关的职权:"对刑事案件的侦查、拘留、执行逮捕、预审,由公安机关负责。检察、批准逮捕、检察机关直接受理的案件的侦查、提起公诉,由人民检察院负责。审判由人民法院负责。除法律特别规定的以外,其他任何机关、团体和个人都无权行使这些权力。"《刑事诉讼法》第五条规定了法院、检察院各自独立行使职权:"人民法院依照法律规定独立行使审判权,人民检察院依照法律规定独立行使检察权,不受行政机关、社会团体和个人的干涉。"《刑事诉讼法》第七条规定了公检法三机关的相互关系:"人民法院、人民检察院和公安机关进行刑事诉讼,应当分工负责,互相配合,互相制约,以保证准确有效地执行法律。"但在中国的司法实践中,公检法三机关配合的多、制约的少,三者的关系经常表现为"公检法是一家",事实上成为相对被追诉人(犯罪嫌疑人、被告人)的对立面。《刑事诉讼法》对于独立审判原则的规定,常常等同于一纸空文。

陕西省出台《关于建立法院、检察、公安三机关刑事工作沟通协调机制暂行办法》,是对法院独立审判原则精神的背弃。法院独立审判原则,意味着法官必须不偏不倚,独立行使审判权,只对法律负责,不受任何单位和个人的干涉。法官应当在庭审中,依据法律规定和要求,通过控辩双方的举证、质证等庭审活动,来接触和认定案件事实,并独立进行裁判。但在实践中,在"公检法是一家"的情况下,法院往往还会负有弥补公安、检察错误的责任,特别是容易受到一些法律程序外的人为因素的影响,例如,一些地方党政领导的干预、政法委的指导意见等等,这些均对法官的独立审判造成了干扰。

外部视角下,人民法院的司法独立体现在两个维度上:其一,机构设置上,司法独立应实现司法机关独立于其他机关团体和个人,这是一种静态意义上的原则要求;其二,程序运行上,司法独立应实现法官在审判过程中依法独立行使职权,这是一种动态意义上的原则要求。制定保障人民法院独立的配套制度,并切实推进相关的机制建设,理清法院、检察、公安三机关之间的权力界限,是当前推进贯彻法院独立审判原则的重要内容。

第二节　法院审判管理中的直接审判缺失

审判委员会讨论决定案件是一种典型的审、判分离的模式,违背了直接审判原则。审判委员会的存在,客观上造成了法官审、判职权的分离,同时也造成承办人对案件事实负责、委员对定性与法律适用负责的割裂。本节将重点讨论审判管理中内部视角下的直接审判缺失。

一、珠海法官枉法裁判案例中审判委员会的错误决议

1999年7月,广东省高级人民法院开庭审理珠海市中级人民法院原法官王鹏飞、谭显军枉法裁判案。被告人谭显军、王鹏飞均为广东省珠海市中级人民法院经济审判庭的法官,其中谭显军还是该院经济庭庭长、审判委员会委员。检察机关指控:1996年至1997年间,王鹏飞、谭显军身为国家司法人员,在审理一起货款纠纷案时,故意违背事实和法律作枉法裁判,情节严重,影响极坏。

中山市检察院的起诉书载明:1994年四五月间,珠海市香洲供销企业南屏供销发展公司(下称"南屏公司")与珠海市粤海进出口公司(下称"粤海公司")签订虚假购销合同,欲骗取出口退税。同年9月,粤海公司以南屏公司虚开的增值税发票不能退到税为理由,向珠海市中级人民法院提起诉讼,要求南屏公司赔偿其相关损失,王鹏飞负责主审此案。因为粤海公司无法举出南屏公司交货的证据,珠海市中级人民法院经审理作出判决,驳回原告粤海公司的诉讼请求。粤海公司提出上诉后,广东省高级人民法院二审维持原判。1996年3月,粤海公司改变诉讼请求,以南屏公司未交货应返还货款9863964元及利息为由,再次提起诉讼,此案仍由王鹏飞主审。王鹏飞作为该案原审主审人,在已经实际掌握粤海公司收到美金本票并提供了美金结汇凭证的情况下,明知粤海公司是虚假起诉,其虚假起诉的真实目的是想要回实际损失的款项,但在向合议庭汇报案件时,却隐瞒了上述重要情节,在审结报告上批示同意支持粤海公司的诉讼请求,致使合议庭形成支持粤海公司诉讼请求的决议。珠海市中级人民法院审判委员会先后两次讨论该案,王鹏飞作为该案主审人,向审判委员会汇报案情时,继续隐瞒事实真相,导致审判委

员会形成了同意合议庭意见的错误决议。谭显军在得知真相后,不仅没有制止粤海公司的虚假起诉行为,却在王鹏飞提交的该案审结报告上批示,同意支持粤海公司诉讼请求。1996年12月,珠海市中级人民法院审判委员会集体讨论此案时,谭显军又一次支持粤海公司的诉讼要求,在发言时故意隐瞒事实真相,同意判令南屏公司返还实际没有收到的款项和利息。之后,珠海市中级人民法院审判委员会再次讨论此案,形成了支持粤海公司诉讼请求的错误决议,致使法院最终作出了错误的判决。中山市检察院查实:1996年9月,王鹏飞由粤海公司出资到香港游玩,并收受港币1万元。粤海公司还解决了王鹏飞妻子的调动问题。谭显军曾接受粤海公司子母电话机一部、移动电话电池一块,并报销餐费2050元。①

在这一由民事审判行为引发出来的刑事案件中,承办人和庭长分别在汇报和发言时有"故意隐瞒事实真相"的行为,致使审判委员会作出了错误决定。珠海法官枉法裁判案例再次暴露出,虽然设置审判委员会的初衷是为了阻却法官违法审判事件的发生,但从实际运行情况来看,它并不能阻止这类事件的发生。

二、审判委员会"判而不审"的现状与弊端

在上述案例中,审判委员会既不直接查阅案卷,也不旁听合议庭的法庭审判,完全不能掌握案件当事者的当面陈述和举证情况,只是通过听取承办人的口头汇报进行表决,承办人对案件事实和适用法律的意见,就成了影响审判委员会了解案件信息的主要因素。一旦承办人故意隐瞒事实真相,而个别审判委员会委员又"暗中相助",审判委员会就必然会出现错误的决定。

《中华人民共和国人民法院组织法》第十一条规定:"各级人民法院设立审判委员会,实行民主集中制。审判委员会的任务是总结审判经验,讨论重大或疑难案件和其他有关审判工作的问题。"审判委员会是法院内部对审判工作实行集体领导的组织形式。审判委员会不同于合议庭,它不直接开庭审理案件。依据最高人民法院的司法解释,对于合议庭难以作出决定的疑难、

---

① 参见《广东省中山市人民检察院中检刑诉(1998)35号起诉书》。

复杂、重大的刑事案件,提请院长决定提交审判委员会讨论决定。

中国现行审判委员会制度的弊端已经明显暴露出来, 主要体现在四个方面:

第一,违背了直接审判原则。审判委员会并不直接参与庭审,而是直接讨论和决定一些重大或疑难案件,实际上并不符合审判的直接原则,其实质是"审"与"判"相分离,严重损害了司法过程的完整性,增大了司法决定的主观随意性。在实践中,审判委员会委员的审理只是听取汇报,一般都是当场汇报、当场讨论、当场决定,而且对一个案件事实与审理过程中的情况几乎都依赖承办人的当场汇报, 承办人的主观性会直接影响案件情况反映的准确度。

第二,审判委员会讨论决定案件背离了现代审判的公开原则。审判活动应该是公开、透明的,其过程信息和结果信息都应向当事人和社会民众进行公开。但目前,审判委员会讨论案件几乎都是秘密进行的,除了审判委员会委员、汇报人和记录人员以外,其他人都没有机会进入讨论现场。知情才能进行有效监督。由于审判委员会"暗箱操作",使得外界无法对其进行有效监督和制约,必然容易出现徇私枉法等问题。

第三,违背了诉讼的回避原则。审判委员会制度的规定,规避了诉讼的回避原则, 双方当事人无权选择和决定审判委员会组成人员是否应进行回避,背离了司法过程的公平原则。由于审判委员会的议事是秘密的且不定期的,具体有哪些人参加、何时讨论,甚至案件是否提交了审判委员会讨论,当事人并不知情,因此更无法获知审判委员会的构成中是否存在与案件当事人有某种特殊关系的委员需要进行回避。

第四,审判委员会制度的行政化倾向。主要体现在两个层面:一是审判委员会是由法院院长、副院长、审判业务部门负责人等组成的,其本身就带有明显的行政色彩,其工作自然会受到各个成员行政等级、地位、身份等的影响;二是审判委员会与案件承办法官之间存在事实上的领导与被领导、管理与被管理的行政关系。审判委员会日常工作的运行方式是由院长或副院长主持案件讨论,先由案件承办人汇报案件事实,庭长、分管院长作补充,而后其他委员发表个人的意见。在这一过程中,因其职位不同,各委员与案件承办法官之间必然存在事实的不平等性。

三、现行审判委员会制度与直接审判的缺失

审判权的行使应是一个有机的整体,"审"与"判"不应分离,并且审判权的行使应严格遵循直接审判原则、公开审判原则和回避原则。审判委员会的存在,极大破坏了法官独立行使审判权的权力。作为法院案件审判的直接承办人,法官如果不能充分独立地行使审判权,也必然导致其责任意识的淡漠。

法院独立审判的重要前提条件是确保法官独立审判。但是,现行审判委员会制度的存在,导致了法官直接审判的严重缺失。法官直接审判的内在要求是,严格贯彻由作出判决的法官亲自听取辩论并亲自进行证据调查,并独立而不受干涉地作出裁判的诉讼原则。这一原则的实现有两个必要条件:其一,作出裁判的法官与审理案件的法官应当是同一个人,审者即为判者、判者即为审者,"审"与"判"不能分离;其二,审理案件的法官必须始终如一,中途不得任意更换。如在特殊情况下必须进行更换,或由新任法官继任,诉讼程序应当从起始阶段重新开始。

在现实法院审判活动中,审判委员会讨论案件既不参加庭审,也不参加旁听,因此实际上并不能听到原告和被告的辩论,看不到证人作证的神情,也不能给予当事人申辩的机会。在这种情况下,如果个别法官故意遗漏或隐瞒案件的重要证据或真实情况,审判委员会将作出错误决定。审判委员会制度极易导致"行政权和司法权混淆",审判委员会的过高权威会极大影响判案的公正性。

随着中国司法改革的深化,审判委员会与设立初衷相背离,改革势在必行。笔者认为,目前一个可行的改革方案是,成立专业审判委员会。专业审判委员会必须坚持两个基本点:一是实行专业审判委员会委员的直接庭审;二是确保双方当事人知情和有权申请回避。必须以口头或书面的形式告知双方当事人专业审判委员会的成员组成名单,由双方当事人判断是否申请回避,并同时提供申请回避的理由。由此,可以有效保证直接审判原则、公开审判原则和回避原则的实现。专业审判委员会可以分为民事类和刑事类,规模上可以由7~9人组成。

第三节　法院行政管理中的法官选任制度

法官遴选制度改革是推进法官职业化建设的重要措施。法官队伍建设的两个基本途径是从社会优秀法律人才中选任法官和在法院系统内部逐级选任法官,其中,在法院系统内部逐级选任法官对于法官职业化建设有着基础性意义。建立和完善法官逐级选任与遴选制度,不仅有利于加强高级人民法院的队伍建设,而且也为基层人民法院的法官提供了广阔的发展空间,从而可以极大地激励其工作的积极性。笔者认为,当前完善法官遴选制度的首要任务是切实建立法官遴选的多元把关机制。

一、江苏省高级人民法院从基层公开遴选法官

2010年4月,为认真贯彻落实《人民法院第三个五年改革纲要(2009—2013)》中关于法官遴选的改革要求,适应全省法官职业化建设的需要,江苏省高级人民法院发布《2010年江苏省高级人民法院从基层公开遴选法官公告》,决定从各市中级、基层人民法院公开遴选10名法官充实省高级人民法院法官队伍。公告同时发布了《2010年江苏省高级人民法院从基层公开遴选法官简章》。其后,出台了《2010年江苏省高级人民法院从基层公开遴选法官工作有关问题解释》。

该简章规定了从基层公开遴选法官的计划和职位、对象和条件以及程序和方法等。规章明确规定,此次从基层公开遴选法官的计划人数为10名,其中民商事审判法官、行政审判法官8名,司法调研人员2名;遴选对象包括江苏省各市中级人民法院、基层人民法院具有民商事、行政审判经历的法官和具有司法调研工作经历的法官。遴选的基本条件包括:①政治立场坚定,认真贯彻执行党的路线、方针、政策,全局观念和组织纪律观念强,在历次政治活动中表现良好;②热爱审判工作,具有较强的事业心和责任感,工作认真,严谨细致;③审判法官职位需要审判经验比较丰富,法学理论功底比较扎实,能够审理疑难、复杂案件,熟练驾驭庭审,全面掌握审判技能,具有一定的调研能力和文字工作水平,工作实绩比较突出;④司法调研人员职位需要具有较高的政策理论水平,法学理论功底比较扎实,司法调研工作经验比

较丰富,文字综合、创新能力较强,工作实绩比较突出;⑤恪守法官职业道德,遵守工作纪律,公正办案,廉洁自律;⑥年度考核等次均为称职以上;⑦符合任职回避有关规定;⑧身体健康。同时,遴选对象应具备年龄在45周岁以下、法学专业研究生学历或法律专业硕士以上学位人员等资格条件。在遴选程序上,在江苏省高级人民法院通过互联网网站和全省法院广域网发布遴选公告及简章后,报考人员个人向所在法院政治部(政治处)报名,填写《省高级人民法院从基层公开遴选法官工作报名推荐表》,由其所在法院党组进行审核并签署意见,统一由各市中级人民法院党组进行推荐。省高级人民法院依据遴选的基本条件和资格,对报考人员进行资格审查。通过资格审查后,经笔试、面试、考察、体检、公示后,确定最终遴选人员,进行调动任命。

江苏省高级人民法院从基层公开遴选法官的改革创新,对于加强法院人员力量,进一步优化法官队伍结构,增强法官队伍活力,均有着积极的推进作用。

二、从基层公开遴选法官与法院管理行政化趋势的负效应

从法院管理发展的总趋势来看,推进法官逐级选任与遴选制度将是中国法官职业化建设的必然需要。但在法官遴选制度尚不完善的情况下,从基层公开遴选法官,实际上带来了正负两方面效应。

一方面,通过法官逐级选任,有利于具有丰富法律知识和丰富审判经验的优秀法律人才脱颖而出,也有利于激励法官自身的成长,鼓励下级法院的法官努力工作,从而得到晋升机会。

另一方面,从下级法院逐级遴选法官容易强化法院管理的行政化趋势。因为从基层公开遴选法官,从法理上看,根本权力属于各级人大任命,但是在法院管理实践中,法院系统内部的行政负责人,即院长的提名往往具有决定性意义。从这一角度看,基层人民法院院长实际上掌握了较大的法官任免权。各级法院之间虽然不存在相互隶属的关系,上级法院仅仅对下级法院的审判工作实施监督,但实际上,下级法院与上级法院存在着较强的行政隶属关系,各级法院之间仍存在着一种行政化的组织方式。

三、完善法官遴选制度与推进法官职业化建设

完善法官遴选制度，从基层人民法院法官中选拔优秀人才到上级人民法院担任法官，是改革和完善法院人事管理制度、推进法官职业化建设、提高法官队伍整体素质的重要途径之一。当前，应切实推进法官遴选工作的制度化、规范化和科学化建设，把基层工作经历作为法官晋级和提拔的必要条件。

法官遴选制度的改革应符合中国的基本国情，符合法官成长的一般性规律。法官是对专业素质要求极高的职业，也是实践性极强的职业。从推进法官职业化建设的角度看，随着法官合理的职级、工资制度的建立和完善，应逐步扩大上级法院从下级法院选拔法官的比例。完善法官遴选制度，有利于加速推进优秀法官群体的形成，有利于建设一支数量充足、结构合理、富有创新能力的高职业素养法官队伍。 推进法官遴选制度的改革，既要突出重点，又要统筹兼顾。当前，应重点做好以下三方面工作：一是实行法官员额制度。应根据人民法院的管辖级别、管辖地域、案件数量、保障条件等因素，研究制定各级人民法院的法官员额比例方案，并逐步落实。二是严格法官准入程序。要建立包括法官任职条件、遴选任命程序、法官职务晋升等严格的法官职业准入制度，进一步统一法官选任的标准，从任职资格等方面提高法官职业的准入门槛。被录用的人员在被任命法官职务前，必须接受系统的培训，培训成绩合格后才能任命为法官；三是逐步规范选任工作。遴选法官时，应制定完备的选任规则，应严格按照选任条件选拔法官，科学组织考试和考核，并确保程序的公正、公平、公开，让法官逐级选任制度为法官整体素质的提高提供可靠的保证。

建立科学严格的法官遴选制度，将是法官职业化建设的基础和关键。当前完善法官遴选制度的首要任务是切实建立法官遴选的多元把关机制，构建这一机制的主要内容有二：其一，切实建立三方参与的审查机制，即在遴选程序上，从基层公开遴选法官，不仅要由高级人民法院直接进行审核与评估，还应由该法官所在的基层单位其他法官和所在地区的社会民众参与审核与评估，即建立由高级人民法院、基层单位其他法官和社会民众三方共同参与的审查机制。多元审查的环节可置于公示后进行。其二，应在录用后增加六个月的试用期。试用期的设置，不仅有助于更加全面地考察从基层公开

遴选法官的实际业务能力和职业道德水平，也有利于激励新提升的法官努力提高自身的业务能力。

第四节 法院行政管理中文化建设的价值

管理学家彼得·德鲁克(Peter Drucker)认为,管理不只是一门学问,还应是一种文化。管理者和被管理者都是作为社会化的人来完成的,历史文化对人的思维和行为方式的影响非常明显。历史法学派的代表人物萨维尼(Savigny)认为:"一个民族的法律制度,像艺术和音乐一样,都是他们的文化的自然体现,不能从外部强加给他们。"①一个组织的管理结构、管理方式、管理运行机制以及所追求的价值目标、所要达到的预期效果等方面,无不受历史文化的影响。甚至可以这样说,与政治、经济相比,文化是一种更为根深蒂固的东西,对法院管理的影响更具有渗透力。

中西文化不同,法院管理的方式也不完全相同,即使同一个国家在不同时代的法院管理也因时代的文化特色差异而有所区别。制度变迁的发展具有较强的制度路径依赖特征,法院管理的形成和变革必然会受到过去路径惯性的影响。正如新制度经济学家道格拉斯·诺斯(Douglass North)所讲:"人们过去作出的选择决定了他们现在可能的选择。"②所以说用什么样的方式和类型来进行法院管理,并不是由当政者凭空幻想出来的,而是由历史文化和背景等因素决定的。受中国人治文化的传统影响,在中国人的传统意识中,行政和司法的界限是模糊的,认为司法依附行政,这必然影响中国法院管理的形成和变革。法院文化是人民法院在长期审判实践和管理活动中逐步形成的共同的价值观念、行为方式、制度规范和相关物质表现的总称,是中国特色社会主义先进文化的重要组成部分,是社会主义法治文化的重要内容。大力加强法院文化建设,弘扬司法核心价值观,对于改善法院管理有着重要作用。以公平、公正、廉洁核心价值观为核心的法院文化建设,其实质是构建法官自律机制和他律机制的过程。

---

① 张宏生等主编,史彤彪等编撰:《西方法律思想史》,北京大学出版社,1983年,第369页。

② [美]道格拉斯·诺斯:《制度变迁理论纲要——在北京大学经济研究中心成立大会上的演讲》,北京大学中国经济研究中心编:《经济学与中国经济改革》,上海人民出版社,1995年,第19页。

一、江苏省"法院发展、文化先行"的重要实践

2010年10月,江苏省法院文化建设工作会议公布了《江苏省高级人民法院关于进一步加强全省法院文化建设的实施意见》征求意见稿。征求意见稿明确提出,要建立健全江苏全省法院文化建设长效机制,力争三到五年时间,将江苏法院文化建设提升到一个新水平,成为全国法院文化建设的排头兵,推出一批全国法院文化建设示范单位,形成江苏法院文化建设的特色和品牌。江苏省高级人民法院专门命名江阴市人民法院、南长区人民法院等15个法院为首批"全省法院文化建设示范单位"。江苏省高级人民法院院长公丕祥强调,要努力营造便民诉讼的良好氛围,提高法院工作的公开度和亲和力。

2008年以来,江苏省各级法院高度重视法院文化建设,将文化建设纳入法院工作整体部署,积极探索法院文化建设的新思路,形成了百花齐放、各具特色的法院文化。省法院制定出台了《关于在审判工作中运用善良民俗习惯有效化解社会矛盾纠纷的指导意见》,将善良民俗习惯等正式导入了司法运行,并为审判工作提供了新的审判思路和审判规则。其后,江苏省法院又制定出台了《全省法院干警自觉使用规范用语坚决杜绝禁忌用语的意见》,提出了"灌输与养成并重"的重要思路,提醒法官在审判活动中,必须慎重履行自身职责,自觉做到行为端庄和规范。全省各级法院均积极开展了包括文化沙龙、法官讲坛、文艺会演、体育比赛等一系列文体活动,这些做法不仅有效激发了干警的工作积极性,也在很大程度上舒缓了干警的工作压力。例如,东台市法院提炼出"崇法、致公、厚德、为民"的法院精神,徐州中院提炼出"尚法重情、厚德礼民、敬业守廉、务实求新"的法院精神,姜堰市法院探索善良民俗习惯的司法运用,滨海县法院打造法院文化长廊,泗洪县法院开展"法企文化"共建,这些创新实践均大大拓宽了法院文化建设的视野。

二、加强法院文化建设是改善法院管理的重要任务之一

法院文化建设对法院全面建设起着根本性、基础性和长期性的推进作用,先进的法院文化是锻造高素质法院干警队伍的基础,是确保司法公正廉洁的深层防线,是增强凝聚力、战斗力的有力武器,是改善法院管理的重要

任务之一。"一个缺少文化积淀的国家是苍白的,一个缺乏了文化根基和浓浓文化氛围熏陶的法院和法官群体也是难以令社会公信的。"①

长期以来,在法院文化建设实践中,由于对法院文化的内涵认识不清,从而导致有的法院对法院文化建设不重视,有的法院开展法院文化建设与执法办案、队伍建设联系不密切,存在"两张皮"的现象。一些地方法院不能充分认识加强法院文化建设的重要意义,法院文化建设的针对性不强。《最高人民法院关于进一步加强人民法院文化建设的意见》提出了坚持以人为本、全员参与、联系实际和继承创新等法院文化建设应当遵循的基本原则。

在实践中,应从管理理念层面充分认识建设先进法院文化对于加强法院管理的重要作用。建设科学的法院管理机制本身就是法院文化建设的重要方面,如果法院的制度建设由文化建设来支撑,则可大大提高广大干警遵守制度的自觉性和参与民主管理的积极性,使法院管理步入民主化、科学化、规范化的轨道,从而切实提升法院管理工作的整体水平。具体而言,加强法院文化建设的现实意义体现在以下三个方面:

第一,现代法院精神需要法院文化。现代法院管理追求法治精神,追求以清廉高效实现公平正义,与这个时代精神相适应的也必须是现代化的法院文化。先进的法院文化具有强大的导向作用,可以引导法官坚持和弘扬法院精神,根据法院倡导的价值观来指导自己的日常工作行为。

第二,法官职业化建设需要法院文化。法官是一群特殊群体,是知识文化丰富的群体。法官文化的层次还需要进一步提高,并且是多方面提高,不仅要熟悉法律,还要有文学、艺术、科学知识等。一个缺乏实践经验、缺乏知识储备的法官是难以让人信赖的。

第三,传承司法文明需要法院文化。法院文化建设是传承司法文明的载体、展示司法形象的平台、促进司法工作的动力。在精神、制度、物质等载体中,文化的传承性是最强的。加强法院文化建设,不断充实法院工作的文化内涵,弘扬"公正、廉洁、为民"的司法核心价值观,有效传承法院文化建设的既有成就,将有助于培养和造就一支政治立场坚定、业务过硬、一心为民、公正廉洁的法官队伍。在文化建设实践中,坚持典型引路,在不同层面、不同岗位中树立典型,以点带面,可以有效扩大法院文化建设的辐射效应。

---

① 赵年:《法院文化建设的几点思考》,《西部法治报》,2006年6月29日。

三、法院文化建设的实质是构建法官自律机制和他律机制的过程

法院文化建设的核心任务是要将"公正、廉洁、为民"的价值理念落实到执法办案和各项建设中,让人民群众真正感受到人民法院"公正、廉洁、为民"的良好形象。而从加强法院管理的维度看,法院文化建设的实质是构建法官自律机制和他律机制的过程。

（一）构建法官自律机制

构建法官自律机制的立足点是推动形成法官"不愿为"的自我约束机制,其基本途径是加强职业道德建设,强化法官及其他工作人员的责任意识。在这一层面,推进法院文化建设,应以强化职业道德为切入点,确立共同行为准则,推动法院规范文化建设,确立职业道德文化目标。各级法院应坚持不懈地抓好《中华人民共和国法官职业道德基本准则》的落实,以职业道德深化法院文化,以法院文化滋养职业道德。应认真贯彻落实中共中央关于加强社会主义先进文化建设的要求,持续开展"人民法官为人民"等主题实践活动,大力弘扬"公正、廉洁、为民"的司法核心价值观,全面提升法官的思想境界和职业操守,以确立共同的行为准则,强化法官及其工作人员的责任意识和角色意识。在职业道德建设中,要按照循序渐进的规律,引导法官们逐渐培养良好的现代司法理念。现代司法理念是推动司法体制改革的内在的、观念上的强大动力,可以有效提高法官群体的整体职业道德水准。司法体制改革不仅需要制度规范的保障,更需要现代司法理念的支持与滋养,并且自律机制的作用更为主动,也更为长久。

（二）构建法官他律机制

加强制度建设,构建"不能为"的制约和防范机制,是加强法院文化建设的另一个重要任务。他律机制的建设有利于进一步促进法官的自我约束动力,使"他律"效应向"自律"效应转变。制度是用来约束法官及其他工作人员行为的,看起来似乎很难体现人性关怀,与法院文化的柔性化特点似乎无法协调,但是它是建立良好的法院文化的必经之路。从根本上说,制度是实现社会公平、公正的根本保障。法院文化建设的职业道德建设应与法治制度的完善结合起来,实现自律机制与他律机制的结合。法院文化建设必然是一个由外在制度规约向内在自我约束转变的渐进过程。要通过制度建设,建立起

完善的法院管理制度，以一种外在的强制性力量保障法院文化建设和法院管理目标的实现。在今后相当长的时间内，这种他律机制的约束作用都是非常必要的，它的完善程度和合理性将直接影响到法院管理的整体水平。

在实践中，作为他律机制的制度建设必须切合实际，应当符合法官职业的特点，从国家的司法审判制度到法院的具体管理制度，都应协调统一，从而有利于充分调动法官工作的积极性，形成良好的制度文化。

第六章 完善法院管理的对策思考

第一节 法院二维管理制度体系的总体构想

一、法院二维管理制度体系的路径选择

当前,中国法院管理制度体系改革的基本目标应是,构建科学合理的二维管理制度体系,即基于法院审判管理和法院行政管理的不同性质和要求,构建起两种性质的管理相互依存、相互作用的二维制度体系,实现法院审判管理与行政管理的良性互动,进一步提高法院审判工作的公正性和法院行政管理的高效率。

从根本上说,构建科学合理的法院二维管理制度体系是由法院管理的二元异合结构性质所决定的。法院内部同时存在着审判管理和行政管理两种性质迥异的管理形态,必然会导致管理上的矛盾和冲突。一方面,法官是审判业务的管理主体,法官们通过独立审判,对犯罪、权益纠纷等作出权威性的裁决,实现维护社会公正的目标。因而,法院审判管理的基本着眼点在于保持司法独立和审判独立,以维护社会公正。另一方面,作为一个组织,法院的实际运行又不可避免地会涉及相应的人事管理、财务管理、后勤事务管理等行政事务管理,使法院系统得以高效运转,实现司法效率。因而,法院行政管理的基本着眼点在于整合法院内部资源,以实现司法的高效率。在法院行政管理维度下,法官实际成为管理的客体,客观上需要服从来自行政的指令和管理。这样,法院管理的二元异合结构性质决定了法院内部的管理制度必然是一个二维的制度体系。

构建法院二维管理制度体系的核心要义是,将现有的法院管理活动进

行合理的规范和区分,对目前审判管理活动中混杂的行政管理性质的行为进行必要的分离。正是从这个意义上讲,笔者提出的法院审判管理去行政化并非意指取消法院系统的行政级别和行政管理,而是要实现在法院审判管理中不用行政的手段去决定、干扰审判业务活动。从法院的实际运行来看,法院的行政级别设置和相应的行政管理活动,均是法院审判业务正常运行的必要保障。在科学的法院管理体系中,必然包含科学的行政管理组成部分。

这里需要明确的是,在法院二维管理制度体系下,两种性质的管理之间的界限存在交叉的环节,即在法院实际运行中,在一些领域和环节中,法院审判管理和法院行政管理所作用的领域和对象存在一致性和交叉性。在这些层面,的确很难对法院审判管理和行政管理进行性质上的清晰界定,即二维并不是绝对分立的体系。但这并不等于我们不需要对法院内部两种性质的管理进行区分。法院审判管理和行政管理界限的模糊性,实际上正是目前法院管理中存在诸多问题的制度根源,也正是从理论上对两种性质的管理进行区分和深入研究的重要问题。

二、法院管理改革的目标导向:公正优先、兼顾效率

在一个国家中,法院管理改革均是在该国司法制度大环境下进行的。因而,法院管理改革的目标应与司法改革的目标导向是高度一致的。

随着社会的发展,司法改革已经得到人们越来越多的重视。但是现阶段司法改革的理念却是愈发倾向于改造理念,即与"休克疗法"①相类似。进一步而言,这是一种无视当前社会状况和法律环境,单纯地将西方发达国家的蓝图作为参照,把一些无法在现阶段中国采用的司法理念引入并加以兜售,并期望凭借司法改革这个单一要素带动司法体制乃至政治体制全局。然而当这些理念在遇到现实障碍而无法实现后,又产生了悲叹和感慨等无奈的

---

① "休克疗法"(shock therapy)这一医学术语于20世纪80年代中期被美国经济学家杰弗里·萨克斯(Jeffrey Sacks)引入经济领域。在担任玻利维亚政府经济顾问期间,为摆脱玻利维亚的经济危机,提出一套经济纲领和经济政策,具有较强的冲击力,在短期内使社会经济生活产生巨大的震荡,甚至出现"休克"状态,因此人们借用医学上的名词,把萨克斯提出的这套稳定经济、治理通货膨胀的经济纲领和政策称为"休克疗法"。20世纪90年代初,苏联解体后,俄罗斯引入经济领域的"休克疗法",照抄照搬别人的做法,完全背离俄罗斯的国情,最终导致失败。

情绪，这种悲观情绪的弥漫在一定程度上使得当前中国的司法改革处于一种混沌状态。正视问题才是完善和解决问题的基础。因为司法机关在改革中的被动性较强，所以它在社会改革中就很难主动承担起重任，这也是现阶段中国司法改革仅仅局限于现有法律框架内的重要原因。尽管这可能让很多改革人士扫兴，但脚踏实地和务实才是解决问题和向前发展的根本所在。

尽管如此，现阶段的司法改革在既有的空间内还是能够有所作为的，例如，可以将完善司法工作人员的资质资格、准确进行司法机关的职能和功能定位、增强法律技术手段的应用等作为改革的几个方向，因为这些都可以在越来越清晰的司法性质定位的基础上加以进行。中国的司法改革要走什么路，并不存在先验的模式。各国的司法改革都与该国的人文历史、文化传承密切相关，是一项综合系统工程。中国的司法改革一定要结合中国的国情和历史文化传统，是不能用西方发达国家的理论和现实模式来衡量其成效的，当然也不能排斥对国外先进司法制度的借鉴。

党在十七大的报告中明确提出了要深化司法体制改革，进而建设我国公正、高效、权威的司法制度。事实上，公正、高效和权威是司法领域的三大要素，是有机统一、不可分割的。公正是司法的基础与核心，也是司法制度的生命所在；高效强调的是司法的效率问题，即司法的执行力，这对司法公正的实现也是极其必要的；权威指的是司法的公信力问题，是司法公正、高效的必然体现。

首先，司法制度的改革需要以维护司法公正为基础，例如，不能照搬照抄西方的辩诉交易制度来进行我国的简易程序改革，只可吸取对我们有益的东西进行借鉴；又如，对于行刑人道化，不能将超越普通公民的权利赋予罪犯，司法在维护犯罪嫌疑人权利的同时也不能够忽视受害人的相关权利，等等。

其次，司法制度的改革还要以效率为目标。真正意义上对正义的维护是及时的正义，不是过期的正义。这就要求司法机关提升司法能力，在迅速化解纠纷、快速解决相关矛盾和恢复正常社会秩序等方面作出努力，而这也恰恰是建立和谐司法与司法为民的要求。不可否认的是，司法公正、司法效率在一定程度和一定条件下是存在着相互冲突的，特别是当司法资源对社会的供给并不充裕时，这种状况便显现出来，但基本的公正还是要予以保证的。

再次，司法权威是实现司法公正和司法效率的保障。如果缺少相应的司法权威，司法公正便无从得来，司法效率也无法实现。同时，司法不公正和司法效率低下也会削弱司法公信力。而司法制度改革的关键正在于维护法律的权威性,这种权威性就来源于人民对司法的信任。因此,司法的公正与高效是培育司法公信力的标准和必要途径。

三、法院管理制度改革的总体思路

经过近二十年的探索和发展,我国的法院管理制度改革已经到了一个关键的时期。在推进法院管理制度改革的总体策略上,应重点把握好以下问题:

(一)立足基本国情,实现司法改革的整体推进

从当前我国的国情及面临的一些问题来看,我国的法院管理制度改革是一个艰巨和漫长的发展过程,也是一项需要在理论和实践两个方面不断探索和突破的历史任务。一方面,对于法院管理制度这项涉及体制性的改革,既需要经过周密论证,又需要在社会环境成熟的条件下积极努力地推进,还需要在推进过程中坚持稳妥和循序渐进的原则。如此才能在推进法院管理制度改革中实现长期目标与阶段性目标的有机结合,才能实现整体推进与重点推进的有机结合。同时,还要特别注意法院管理制度改革的幅度与力度要在社会经济的承受能力范围之内,应从总体上与社会各界的期望相匹配,最终实现社会的稳定与发展。

另一方面,法院管理体制的改革还应当注重司法体制改革的整体性、协调性与统一性。其具体内容是使法院管理改革与法院其他工作机制相配套,例如与法院机构改革、法院工作人员队伍建设、法院保障制度的匹配与协调,目的是最终增强改革的整体效果。这是因为在现阶段法院的管理制度中,不仅在体制方面存在着一些问题,还在工作机制、人员配置和行政管理等方面存在问题,例如,法院管理的高度行政化就对司法公正和司法高效目标的达成带来了障碍,而这些问题的形成都并非是由单一的原因造成的,而是多种因素和机制相互作用的结果。由此看来,在司法改革中将体制改革、管理方式改革与工作机制改革相互结合的做法是必要的。此外,还必须认识到,这是一个不断化解矛盾、减弱风险和从量变到质变的漫长过程。

(二)围绕执政党的工作大局,推进法院管理的机制创新

法院是宪法和法律的忠实执行者和捍卫者,执行者如果跟不上国家改革开放的步伐就会落伍,就很难做到忠实执行和捍卫宪法和法律,也很难完

成好党和人民赋予的使命。事实上,党和国家的领导层已经认识到了法院管理体制改革的重要性。2008年11月28日召开的中央政治局会议就原则性地通过了中央政法委员会提交的《关于深化司法体制和工作机制改革若干问题的意见》。该意见提出了司法体制改革的四项基本任务,分别是优化司法职权配置、实行宽严相济的刑事政策、加强司法工作人员的队伍和素质建设、保障落实司法经费问题。对于这些问题,党的十七大曾经提出关于深化司法体制改革的相关意见,强调这是一项与发展社会主义民主和依法治国密切相关的重要任务。由此看来,我国司法体制的改革需要与中国特色的社会主义民主政治发展方向相符合,也要与社会主义司法制度的发展要求相符合。

在深化司法体制改革的过程中,应当注意从人民群众对司法的新期待和新要求出发的重要性,要将维护人民群众的利益作为根本出发点,将促进社会主义和谐发展作为主线,将加强权力间的相互制约与监督作为工作重点,同时把握住制约司法公正和影响司法能力的关键性因素,进一步扫除法院科学化管理的各种障碍。其中,具体涉及努力规范司法行为、优化司法权责配置的问题。解决好这些问题,就为建设公正、高效、权威的社会主义司法制度奠定了坚实可靠的司法保障,为我国社会、经济等各方面的健康运转提供了司法保障。

对于法院管理制度改革的过程,一是必须坚持党的领导,即一切改革工作要在党的统一领导下循序渐进地开展;二是要坚持中国特色社会主义方向,即法院管理改革要以有利于社会主义司法制度的发展和完善为方向;三是要坚持从现阶段我国的国情出发,充分认识到法院管理改革的长期目标与阶段性目标有机结合的重要性,使改革立足于当前我国正处于并将长期处于社会主义初级阶段的现实;四是要坚持群众路线,即法院管理改革要充分尊重民意,从切实解决好与人民群众密切相关的问题出发;五是要坚持各项改革的相互协调和统筹推进,即法院管理改革要与当前我国开展的其他改革相配合,共同推进我国社会主义事业的科学发展;六是要充分吸收和借鉴人类法治文明发展过程中的先进经验和有益成果。

(三)更新思维方式,创新法院管理理念

审判管理水平直接决定审判质效,管理观念落后的软肋成为法院实现跨越式发展的最大瓶颈。法院管理机制更新,首先要树立符合司法规律的管理意识,才能创造性地开展各项工作。

1. 强化目标管理,突出工作重点

实施目标管理,首要的任务就是要把制定的目标考核作为基础,以此作为统领法院管理的总纲,并把目标任务分解到职能部门,各部门根据分解目标制订具体的实施步骤,并确定合适的人负责合适的事,以便随时对工作进展进行评估,养成目标明确、思路清晰、务实高效的习惯。在法院管理中,既要统筹兼顾各项工作,又要突出重点,切实通过抓重点工作,以点带面,推动整体工作上台阶、出成果。

2. 强化精细管理,落实工作细节

细节决定成败。科学管理、严格管理,都是管理的重要手段,都注重从细节入手,狠抓管理的规范化。规范化程度不够、精细化管理不足,已成为制约法院实现科学发展、争创先进法院的突出问题。遵循司法规律,将精细化管理作用于审判管理,能够充分发掘现有的法院人才资源,提升执行力。以"精"为目标,就是要力求把每起案件办成铁案、精品案,以"细"为要求,就是要严格按照审判管理流程、案件管理规定细化执行,精益求精地把案件的每个细节做到位,避免因疏漏引起案件当事人和社会公众对司法审判工作的合理怀疑,乃至群体性事件,影响司法公信力。

3. 坚持制度管理,建立长效机制

解决管理水平不高的问题,制度制定的是否科学、规范、精细是关键因素。加强"无缝隙"管理的制度构建,建立决策目标、执行责任、监督考核三大体系,靠制度来管人、管事。传统的经验管理模式往往存在制度流于形式、贯彻执行不到位、受人为因素影响较大等缺陷,已无法适应新形势下法院工作的新要求。必须从原有的经验管理向科学管理理念进行转变,从制度建设入手,提升管理的科技含量,建立一套行之有效、符合科学发展观要求、可操作性和实用性较强的管理方法,实现管理科学化。

第二节　法院审判管理的改革设想

一、推进审判管理去行政化

我国司法体制行政化的形成,有着深刻的历史与现实原因。事实上的首长负责制是我国司法体制在历史发展过程中长期形成的, 并一直影响着我国现阶段的司法制度, 因此衍生了当前办案过程中一些依然发挥着重要影响的制度,例如法官行政级别制度、请示汇报制度等。当前,司法体制的行政化已经严重阻碍了司法独立性的实现,也严重影响了司法公正目标的达成。因此,司法体制改革理应以去行政化为改革的核心。推进去行政化的改革,应在立足现有司法制度的前提下,以确立司法独立和司法公正为目标,对司法体制进行必要革新,通过司法改革促进司法制度的自我完善和发展。

最高人民法院前院长王胜俊强调,建设中国特色社会主义司法制度,必须立足中国国情,国情是司法改革的现实基础和前提条件。这是总结各国司法改革的成功经验与失败教训得出的一条基本结论, 也是完善中国特色社会主义司法制度的必然要求。当前,司法体制机制与经济发展要求还不完全相适应,人民群众对司法工作仍然存在一些不满意的地方,不断满足人民群众日益增长的司法需求,使司法制度适应经济社会的发展状况,这是推进司法改革的根本原因。王胜俊强调,不断深化人民法院的司法改革,必须坚持五个结合:一要坚持统一领导与群众路线相结合;二要坚持推进改革与尊重司法规律相结合;三要坚持改革力度与社会可承受程度相结合;四要坚持改革创新与继承传统相结合;五要坚持立足国内与放眼世界相结合。

推进审判管理去行政化有以下具体路径:

1. 推进司法审判工作与司法行政工作的独立

纵览世界各国有关司法体制构建的思路我们发现, 司法审判工作与司法行政工作的分立是这些国家的一般做法。对于国家司法机关的法院而言,为保障司法职能的正常高效运行, 不可避免地要涉及内部一系列行政事务的处理。然而法院自身的行政事务处理工作是不能够对法院的审判工作进行干扰甚至取代的,而是要本着为审判服务的意识来处理行政事务。①由此来看,在法院管理过程中实现司法审判与行政事务的独立是很有必要的,能够在最大程度上确保司法权的独立和公正。

我国在1982年制定的宪法中就明确规定了司法行政与司法审判的相互独立原则。然而在1983年、1986年、1997年和2002年进行的历次国务院机构改革中,却逐渐削弱甚至取消了司法行政部门对司法行政工作的管理职能,从实践上恢复了司法行政管理与司法审判的统一。因此,宪法中有关司法行政与司法审判工作相互独立的原则也便在实践中被搁浅了。但是,分析现阶段我国司法体制行政化的形成原因及其表现可以看出,在很大程度上,现行的法官任选制度、案件审判制度和人事行政制度等是由司法行政与司法审判之间缺乏独立性所形成的。所以为了确保司法独立与司法公正,实现司法行政和司法审判之间的相互独立是必须和必要的。笔者认为,为实现司法行政与司法审判的独立,我国的法院管理体制改革应当着重从下列三个方面入手,通过职能重新配置的途径来实现这一目标。

第一,通过改变各地方党政机关过多地对各级法院进行制约的状况,通过实行中央到地方的垂直管理方式来确保法院审判工作的独立性,从而解决法院各项工作受制于其他机关和难以保证中立性的问题。其中,各级法院中负责行政工作的人员可以由国务院进行统一配备,并由中央统一进行财政经费的拨付。如此进行司法行政与司法审判独立性的改革后,法院将会只保留与司法审判相关的专门性技术类人员,而其他财务人员、政工类人员等将会转入相应的行政事务类部门。法院从而就能够只负责与审判案件相关的专门性业务类职能。

第二,由相应的司法行政机关行使判决和裁定等强制权力。在我国,刑事判决的执行权是由司法行政机关行使的,然而民事判决和行政判决的执行权却一直是由法院自身来执行的,法院因此陷入了困扰已久的执行乱和执行难的怪圈,从而严重影响着司法公正性与独立性的实现。我们分析强制执行权的特点可以发现,这是一项带有确定性、强制性和主动性的行政权,可以纳入具体行政行为的范围之内。

第三,把行政处罚的强制执行权交由司法行政部门行使。为了对行政机

---

① 参见刘武俊:《法官职业走出泛行政化定位的误区》,《人民日报》,2002年8月5日。

关的具体行政行为进行司法监督，我国把对行政处罚的强制执行归进了法院的职责范围之内。然而长期以来，这种机制已经日益暴露出其弊端，在严重影响法院日常审判工作开展的同时，也由于受到执行程序复杂等各种因素的限制而造成了案件执行难的问题。这不仅使一些本应通过强制执行的案件长期得不到执行，更是对司法机关法律权威的削减，既影响了法院的工作效率，又是在客观上对违法行为的放纵。

2. 推行司法机关机构改革

要排除行政官员对司法的干预，要改变司法地方化的现状，就必须打破现有的法院设置格局。①因此，司法行政和司法审判在体制上分立后，应进行全面的司法机关机构改革。机构改革应由中央统一领导进行，地方不再对司法机关的机构设置、人员编制进行核定，不再负责管理司法机关的财政、人事等工作。司法机关的机构设置和人员编制则由中央机构编制委员会直接核定，经费由中央财政通过司法行政部门予以拨付，人员则根据司法机关的特点，按照《法官法》的有关规定进行选拔和管理，从而把司法机关完全从地方行政体系中分离出来。

同时，鉴于目前法院审判业务部门的职责划分不尽科学，争办案件、扯皮不清、互相推诿的情况时有发生，特别是一些民商事案件在管辖范围上不甚明确，一些新类型的案件起诉到法院后，立案部门不知该分给谁来审理，所以法院内设机构改革的内容之一就是要重新划分各审判庭的职责权限，做到分工明确，职责分明。②

根据管理学理论，决策权和实施权是管理的两项重要内容，如果将这两种权力合二为一，就不能够形成有效的监督制约机制，很可能会带来权力的滥用。法院的管理也是如此，一旦作为一个整体存在的法院系统出现了自己判决、自己执行的情况，便会相应地出现消极判决、消极执行等违法现象，而外部很难对该种情况进行有效的监督制约。总结国外主要发达国家的司法实践经验，执行权是归类于政府行政权之下的，一般是由司法行政部门来行使的。国际公约《司法独立世界宣言》中也作出了相关规定，要求"政府应确保法院裁判的适当正确执行，司法行政机关应被授予监督法院裁判执行过

---

① ②　参见易延友：《司法独立之理念》，《欧洲法律与经济评论》，2002年第9期。

程之权"①。

英美法系国家的民事裁决的执行事项由司法行政部门执行。大多数大陆法系国家的司法行政部门也负责民事执行工作。在俄罗斯,司法部是专门的执行机关,负责刑事、民事和国际债务的执行。法国民事执行由司法部派驻在法院内部专门从事民事执行的公务人员——执达员执行。每一名执达员都由司法部培训、考核后任命,执达员的使用隶属于上诉审法院,其管理隶属于司法部的国家执达员工会。执达员的履行情况依法由司法部的检察院负责监督。

目前,刑罚监禁刑的执行权由司法行政机关行使,如果民事、行政执行等执行权也由司法行政机关统一行使,可以整合、优化执行资源,提高执行效率,加强执行力量,规范执行行为,实现各司法机关在司法工作中的角色分工。

今后法院应只保留民事、刑事、行政等大的审判庭和立案庭,强化审判的专业化。各审判庭的庭长则不再是行政领导,不承担业务领导和行政管理工作,只负责审判业务的协调工作。

3. 改革完善司法审判机关干部人事制度

在实现司法行政和司法审判分立的基础上,进行司法审判机关人事制度改革,创建一套符合司法机关特点的司法人事制度。

第一,实行分类管理。对法院内部的工作人员依照工作内容与性质划分类别,对于从事司法行政事务的相关人员,要纳入司法行政机关中去,根据国家公务员的相关制度与管理办法给予相应的职位安排和福利待遇;对于从事法官和书记员等司法审判工作的人员,要纳入司法审判机关中来,根据其职业特点重新构建人事管理制度,不再参照公务员制度设立行政级别。

第二,设立专门机构负责行使审判机关的人事管理职能。具体而言,是要将法院内部有关人事管理的行政职能划归到法院人事管理部门,由其全权负责法官队伍的人事管理工作,包括法官队伍的考录、工资福利和专业技术职称评定等,从而避免法官人事管理活动中不必要的行政干预。

第三,建立法官等级考核晋升体系,即根据法官的职业特点,严格依照《法官法》的规定,建立法官专业技术等级体系,对法官的晋升定级不再套用

---

① 周道鸾主编:《外国法院组织与法官制度》,人民法院出版社,2000年,第593页。

行政级别的做法。我国法官的专业技术等级评定是由国务院司法行政部门成立的专门评审委员会来进行的。事实上,专业技术职称所评定的仅仅是法官等人员的业务水平和业务能力,是不具备行政级别因素的,法官之间也是平等的,没有上下级的隶属关系。

另外,根据法官专业技术等级制度,制定适合其职业特点的工资福利待遇体系。有鉴于我国的具体国情和法官整体素质还不高的现状,法官的工资福利待遇和社会其他人员相比不应过于悬殊。可以考虑给予法官较高的福利待遇和较高的社会地位,如免费医疗、公费安排休假、较高的退休金和优惠的住房政策等待遇。

4. 改革案件审理体制,保障法官依法独立行使审判权

法官独立才是司法独立的核心内容。除了对法律的正义性负责之外,法官不向任何人负责。马克思也曾经对此作过相关论述,他说:"法官除了法律就没有别的上司"。在我国,从本质上来看,法官对法律负责就是对我国法律的制定者——全国人民代表大会负责,最终体现的是对人民负责。然而在实践中,行政化的色彩使法官很难在审判案件中保持价值中立和向法律负责,这是因为过度行政化所强调的是向上级负责和向领导负责。从这个意义上来看,作为审判机关的法院应该借助法院内部结构改革的契机,进行案件审理机制改革,尤其是要废除行政化色彩浓厚和违背现代直接审判原则的案件审批制度,并不断完善审判委员会制度。

根据这个改革思路,法官在处理所属案件的过程中,将不再把案件提交给庭长或院长进行审批,而是全程独立完成审判。这避免了庭长或院长对法官所审理的案件的干涉。对于重大疑难案件,可以另辟蹊径以保证案件审理的透明性与公正性,例如可以通过扩大的合议庭来评议,也可以通过召开专业审委会的方式来征询意见。同时,应该在立法上对法官的独立性予以保障。相比较而言,我国对法院独立性的强调要远远超过对法官独立性的强调。在法律的相关规定上,也没有明确提出有关法官独立的内容。因此,笔者认为应将法官的独立原则体现在宪法、《中华人民共和国法院组织法》和《法官法》等相关法律之中,同时通过法官终审制、法官福利和政治待遇的提高为法官独立性的实现提供身份与物质保障。

5. 消除上下级审判机关的行政性关系

在上下级审判机关的关系方面,应消除领导与被领导的行政关系,而应

该切实践行纯粹的业务监督与业务指导的关系。根据这一原则,下级法院无须向上级法院就某些具体案件的审理问题进行请示和汇报,而上级法院也不必向下级法院发出与某些案件有关的命令、指示或意见等。无论是上级法院或下级法院,都只对法律负责。同时,最高人民法院也只能就一些法律条文的适用、内涵与外延等内容作出合理性的解释,从而保障法律适用的统一性和法律所体现的立法原则更加明晰。为了实现法院层级间的关系转变,弥补关系转变中可能带来的法院审判监督"真空",应该加强制度建设,对审判的各个环节都强化监督。

6. 健全审判机关的后勤保障和财政管理体系

根据司法行政独立于司法审判的原则,包括设备维护、车辆与治安管理和后勤等日常行政性的事务,将全部归入到司法行政部门之中;法院的财政工作方面,将由中央财政统一拨付,由司法行政部门负责管理与服务;法官与书记员等专门技术人员的工资,将由中央财政直接拨付给省级司法行政部门,并由后者直接予以支付,从而改变当前法院财力资源严重依靠地方财政的局面。如此,法院才能够将其全部工作精力投入到案件的审理过程中来,才能不再为后勤、财务等行政性事务所干扰,进而保障法院与法官工作的独立性。

二、建立专业审判委员会

基于现行审判委员会制度导致直接审判缺失的司法现实,笔者根据多年的审判工作经验,认为现行审判委员会制度的存在,极大阻碍了法院审判所贯彻的直接审判、审判回避、审判公开等目标的实现,因此应加快建立专业审判委员会。具体改革设想如下:

(一)确保设置的专业性与非行政化

根据审判工作的实际需要,专业审判委员会应分设刑事审判专业委员会和民事行政审判专业委员会。专业审判委员会应由专职委员和担任相关审判业务庭领导职务的审判委员会委员共同组成。专业委员会的组成人数以超过审判委员会的半数为原则。根据目前法院的实际情况,专业审判委员会可设专职委员7~9名。这些专职委员应从具有丰富审判经验和良好职业道德的法官中产生,如各业务庭的审判长和资深法官,由院长提请本级人民代表大会常务委员会任免。从专业化建设角度看,专业审判委员会应适当提高从事审判业务的委员和高学历委员的比例,以专业化人员构成确保提高案件质量。

为了确保专业审判委员会的非行政化色彩,在成员构成上,应改变原有审判委员会成员通常主要由院领导和部分审判庭庭长担任的现状,逐步降低担任领导职务的委员比例,增加非领导职务的委员。改变过去以行政职务作为担任审委会委员的唯一条件的现状。并且,担任院领导职务的审判委员会委员,可以根据自己分管的审判业务选择参加一个专业委员会。

(二)强化专业审判委员会的独立地位

审判委员会应是本法院内部的最高审判组织,其基本的职责是总结审判工作经验,监督和指导审判工作,审理重大、疑难、复杂案件,讨论和决定有关审判工作的其他事项。在具体运作上,专业审判委员会在院长的领导下开展工作,但在审判业务的决议上,专业审判委员会保持相对独立性,由全体委员集体行使职权。专业审判委员会讨论案件或者事项应遵循"两个过半"的原则,即出席会议的人数和持多数意见的人数均应超过专业审判委员会全体人数的半数以上,方可形成并通过决议。在审理重大、疑难、复杂案件时,如果专业审判委员会认为有必要的,可以提交审判委员会全体委员审理。在具体讨论环节,应严格坚持民主集中制原则,全体委员均可平等地发表意见。要从制度上确保专业审判委员会委员在审判委员会会议上的职务行为不受追究。

(三)落实直接审判和审判公开的原则

专业审判委员会在审理案件时,应坚持运作过程的信息公开,确保双方当事人知情。并且,应改变以前审判委员会主要采取书面审理的方式,采取旁听庭审或组成合议庭直接审理等方式进行案件审理。除依据相关规定不适宜公开审判的案件,均应实行公开审判。此外,进一步完善审判的列席制度。通常,以下人员均具有列席资格:办理案件的合议庭成员或议题的承办人及所在部门负责人,再审案件的本院原承办合议庭成员及所在部门负责人;院纪检组长、监察室主任、政治部主任、审判委员会办公室主任;检察院检察长或检察长委托的副检察长等人员;专业审判委员会认为应当列席会议的其他人员。列席人员可以对讨论的事项发表意见,但是对专业审判委员会的决定不享有表决权。另外,讨论案件的全过程应制作笔录记录在案,最后由各委员签字后存档。

在此应当强调的是,专业审判委员会的信息公开是有条件的,对于专业审判委员会会议记录和依照法定程序暂时不宜或不能公开的情况和事项,相关人员均不能进行泄露。对于违反保密纪律泄密并造成严重后果的,按照有关法律规定予以查处。

(四)进一步完善回避制度

在专业审判委员会建设上,应进一步完善回避制度,并确保双方当事人有权申请回避。如案件应提交专业审判委员会讨论的,在庭审告知当事人享有的诉讼权利时,一并告知当事人专业审判委员会委员的名单,由当事人决定是否申请回避;如遇紧急情况,案件临时需要提交专业审判委员会讨论的,可电话告知当事人,事后补写告知笔录或邮寄书面意见,并留卷备查。专业审判委员会委员遇有法律规定应当回避情形的,有义务主动提出自行回避。对于在自己知情的情况下未主动提出回避的委员,应取消其委员资格。专业审判委员会审理再审案件时,本院原审合议庭成员中有专业审判委员会委员的,该委员应自行回避,但在双方当事人均表示同意的情形下,该委员可以参加审判委员会讨论,但不享有表决权。

最后,设立专业审判委员会的法院还应制定《专业审判委员会实施规则》,就会议召开的细则、工作机制等予以具体规定,如会议是定期召开还是随机召开,或两者结合;汇报案件的材料形式、报送材料的时间等具体细则。

三、推进审级制度改革

理论界和实务界针对如何改革现有的审级制度,使其更好地适应我国的司法现状的问题已经进行了很多的探讨,其观点主要有以下四种:

第一,设立三审终审制度,在现有的二审终审的基础上设立第三审制度,更加充分地保护当事人的合法权益,从而改变再审案件过多的现状。[①]

第二,以两审终审制度为基础,以有条件的一审终审制和三审终审制度为补充,即对有些案件仅仅采用一审终审制度,从而避免司法资源的浪费;

---

① 参见王秋兰:《对我国民事审计制度的反思与管见》,《新疆社会科学》,2001年第2期;张品泽、汪大宝:《试论民事审判中审计制度改革》,《社会科学家》,1999年第4期。

对有些案件采用三审终审制度,从而避免对当事人权利保护不力。①

第三,全部案件都实行三审终审制度。具体含义是:一审为事实审,二审和三审为法律审。

第四,在地位和作用方面,要以三审终审制度为基础,以两审终审制度为补充机制。

由此看出,设立三审制度似乎已经成为学者的共同观点,只是在具体设置上面还有些差异。设立三审终审制度主要是考虑到我国目前的案件再审率颇高,而再审程序又有很多不规范的地方,同时,再审程序不是通常的诉讼程序,而是一种事后的补救程序,这样会给当事人寻求再审程序救济带来不便。但是,如设立三审终审程序制度,就要严格限制再审程序的启动,或者原则上取消再审程序,只对极特殊的案件准许进入再审程序。否则,又增加了诉累。

笔者的想法和第四种观点比较接近,即以三审终审制度为基础,以一审终审制度和两审终审制度为补充。因为有些案件法律已规定其实行一审终审制,如选民纠纷案件,追索赡养费、抚养费等案件。两审终审制与三审终审制相比,各有利弊。从程序法设置的价值追求来看,公正和效率是法律追求的永恒主题,但从两种审级制度的设计初衷看,它们各自追求的价值取向都有所侧重。前者侧重体现诉讼效率的原则,后者侧重对诉讼公正的追求。笔者认为,相对于公正和效率这两种价值目标而言,公正的价值取向应是排在首位的。这是因为在首先保证实现诉讼实体公正的前提下,再尽可能地谋求效率的提高才是法律和审判的要义所在。上文已经进行了相关论述,即两审终审制其实是不能有效地保证公正目标实现的。因此,笔者认为三审终审制的实行仍然是非常必要的。

三审终审制的实行,就意味着增加了一道司法公正的保障,即能够为当事人提供更多的权利保障,有助于诉讼公正的实现。因为在这种审级制度下,当事人向第三审法院上诉就成为公民的一项法定权利,相应地也就具备了诉权性质,从而对现行审级制度下法院提起再审的随意性形成了有效规制,也就在公正、平等地维护当事人合法权益方面提供了保障机制。同时,还在一定意义上限制了法院自由裁量权的滥用。提高终审法院的级别有利于

---

① 参见杨荣新、乔欣:《重构我国民事诉讼审级制度理论的探讨》,《中国法学》,2001年第5期。

统一地实现法律适用和提高法院办案质量，同时也有助于帮助当事人形成对法院裁判权威的心理认同，最终减少缠讼、缠访等事件的发生，使高级人民法院和最高人民法院能够更多地接触普通案件的审理，监督下级法院的审判实践。

实行三审终审制，关键问题是如何提高诉讼效率？笔者认为，可借鉴西方国家的成功经验，通过如下途径解决。

1. 诉讼当事人只能向第三审法院就二审裁判中的法律适用问题提起上诉，而不能就事实认定方面的错误向上级法院提起诉讼

即使在审判后又调取、查证了新的证据，法院也可以根据法律规定的有关当事人举证期限和举证责任，裁定当事人应当承担没有在相应时间内举证的法律责任，而不在为此重新启动新一轮的诉讼程序。同时，这种做法还能够有效地防止当事人在前两次审判中有意地保留相关证据并在第三次审理中全部拿出的情况出现，最终减轻当事人因不断上诉所带来的财力、物力、精力等方面的消耗。况且，如果确实出现了在第二次审判后仍然存在的重大事实认定错误，当事人仍然有足够的证据来推翻前面裁判的情况，可以将此列为申请再次审理的原因和理由，继续向上依法申请再次审理。

在实行三审终审制的西方主要发达国家，第三审也一般是法律审。例如，在法国，向最高法院提出的上诉为法律审，其他如上告、抗诉、第三人申诉、再审上诉都实行事实审；在日本和德国，其控诉审都为事实审，而上告审都是法律审；在英国，上诉法院一般对上诉审也采取的是法律审；在美国，联邦上诉法院和联邦最高法院对由当事人提出的复审一般进行法律审。在第三上诉审中实行法律审的原因，除对诉讼效率的考量外，还有从立法和理论视角对法律统一适用性的考虑。进一步而言，事实审只对个案有意义，而法律审的意义却超出了个案范围，强调法律的统一适用。

2. 对三审的条件进行一定的限制

实行三审终审制的国家一般对三审上诉进行一定的限制，限制条件各国不尽相同。总的来说，主要从上诉理由、诉讼标的等方面加以限制。从上诉理由方面来讲，当事人不得以非法律问题为由提起上诉，三审只实行法律审；从争议的诉讼标的来讲，有的国家规定必须达到一定金额才可上诉，否则，只能实行两审终审制。此外，有的国家对某些案件实行上诉许可制度，即由法官对某些案件能否上诉实行自由裁量或者法律有特别规定的情况下才

许可上诉的制度。如德国民法对非财产案件的上诉实行许可制,只有经过州高级法院在判决中宣告许可上诉的,才准许提起上诉。

笔者认为,根据我国的具体情况,借鉴国外的先进经验,我国法律也可以对三审上诉进行一定的限制, 比如我国民诉法的第一百四十二条对简易程序作出了规定。其中,基层人民法院及其派出的法庭,对于事实认定清楚、权利与义务关系明晰和存在的争议并不大的民事案件的审理, 适用的是该简易程序。对这类通过简易程序进行审理的案件,可以继续实行两审终审制度,目的是减轻第三审法院的工作负担。同时,从裁判性质方面来分析,甚至可以作出此类案件不得向第三审法院提出上诉;通过简易程序进行裁定和审理的相关案件,必须通过第三审法院的批准才能向其提起上诉请求。

3. 对最高人民法院、高级人民法院的第一审案件的管辖范围予以适当调整

可取消最高人民法院直接受理第一审案件的规定, 将高级人民法院应受理的第一审案件,改为第一审由中级人民法院进行,第二审由省级法院进行,第三审由最高人民法院进行。究其原因,在实行三审终审制后,最高人民法院及高级人民法院所需要审理的案件将会增多。该种审判划分方式一方面可以减轻其案件审理压力, 另一方面还可以为其管辖范围内的第一审案件提供更多的上诉审理机会, 从而使最高人民法院更好地监督下级法院的审判,保持审级制度的完整性。

同时,西方主要发达国家所实行的"飞跃上诉"制度和当事人双方作出协议后不再上诉的制度等,都值得我国在法院管理改革中加以借鉴。

实行三审终审制面临的另一个问题是它与审判再审制度的衔接问题。实行三审终审制使裁判的正确性和公正性得到进一步的保障和加强,应严格控制再审程序的启动,以此保障生效裁判的稳定性和权威性,从而提高诉讼效率。具体而言,取消法院主动提起再审程序的职权,规定只有当事人才有权提起再审程序。对于检察院按照审判监督程序提起的再审程序,可对此作出这样的规定, 即检察院提出抗诉必须依照当事人在法定期限提出的再审申请进行,而检察院无权自行提出抗诉。等今后条件成熟以后,规定对生效的民事裁判,检察机关不得提起抗诉,可逐步取消检察院启动再审程序的职权。此外,法律还可对再审的次数、审级、理由等作出必要的限制。

综上所述,各国"虽然基于历史传统和秩序结构的差异,所面临的程序

问题和改革的具体环节各有所侧重,然而,在审级制度上普遍实行两级结构的传统模式却沿着不同的发展脉络九九归一,最终汇入三级的司法等级结构"①。不仅仅三审终审制是世界程序立法发展趋势,而且对于审级制度的功能定位也逐渐趋同,即二审一般定位于救济功能,三审则无一例外地定位于统一法律的功能。值得注意的是,我国台湾地区"司法院则已采纳司法改革委员会的建议,研修刑事诉讼法,拟以第一审为事实审的中心,第二审改为事后审,第三审则改造为彻底的法律审"②。

四、强化审判管理的保障机制建设

审判管理改革是一个系统工程,应积极做好综合配套改革,尤其是应强化法院管理的保障机制建设。规范化管理需要高素质的人才、完善的规章制度和激励机制来保障,通过扎扎实实的工作措施,确保审判管理目标的实现。

(一)坚持以人为本,提高司法能力

党的十七届四中全会提出干部队伍建设的总体要求,实现法院管理规范化,归根到底是落实以人为本,实现人的全面、可持续发展,建设一支"靠得住、信得过、有本事"的高素质法官队伍。高素质的法官队伍建设有两方面要求,一方面是完善法官管理制度,能够选拔出高素质的人才进入法官队伍,从整体上提升法官队伍的审判能力,进而提高法院的审判水平;另一方面是营造良好的、有利于法官工作与发展的法院环境,为法官自身发展和能力展现搭建起平台。

(二)完善规章制度,加强督促检查

制度是管理过程中对各种行为进行规范的准则。规范审判权的分权与制约,用制度保证决策、执行和监督的阳光运行。制度一旦形成,其核心在于有效执行。经常发生的问题要从规律上找原因,反复发生的问题要从制度和机制上找原因。院长、庭长要把抓好管理落实作为首要责任,既要带头践行制度,当好严格执行制度的表率,又要通过具体的督促、检查,实现以制度管

---

① 傅郁林:《审级制度的建构原理——从民事程序视角的比较分析》,《中国社会科学》,2002年第4期。

② 苏永钦著:《司法改革的再改革》,月旦出版社股份有限公司,1998年,第330页。

人、管案、管事,严格按照制度对工作进行评判,最大限度地减少或排除个人意志的随意性,养成严格执行制度的好习惯。通过规范的管理,促进制度的落实。

(三)强化责任分解,坚持量化考评

实行全员岗位目标责任制,从"职业实绩、职业技能、职业精神、职业形象、职业成就"等方面进行绩效考核,建立干警个人业绩档案,作为奖惩、培训、晋级、晋职的依据。量化考核改判发回重审率、执结率、执行到位率、延长审限率、平均审理天数、裁判文书上网比例、二审案件开庭率等,建立审判质量评估体系;量化考核上诉率、调解(和解)率、撤诉率,完善审判效果指标体系。以考核评价机制全面评价法官、合议庭、业务庭的业绩,强化院长、庭长对部门目标的管理和部门对个人的业绩考核,强化重点目标任务的分解与落实。例如近年来,天津市高级人民法院将案件审判的上诉改判发回情况作为法官绩效考核的重要依据,取得了提升案件审判质量的明显成效。参见图6-1:

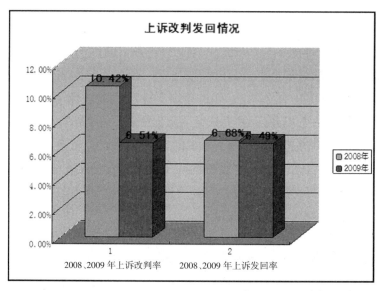

图6-1 2008年、2009年天津市高级人民法院案件审判上诉改判发回情况图

科学发展观这一重大战略思想的提出,既为法院自身建设提供了新思路,又对法院审判工作提出了新要求。法院工作的全面发展必须要适应新时期和新发展的要求,必须充分认识科学发展观的重大理论意义和实践意义,

增强立足审判工作为科学发展提供司法保障的自觉性和坚定性，增强运用科学发展观指导自身建设的主动性和创造性。以科学发展观统领法院工作全局，努力实现司法平衡、司法价值与社会价值的有机统一，实现人民法院工作的全面发展，为国家经济又好又快发展提供有力支持，为维护社会秩序稳定提供有力的司法保障，为和谐社会建设提供有力的法律服务。

第三节　法院行政管理的改革设想

一、推进法院行政管理的规范化建设

管理的规范化建设是人民法院提高司法权威、维护司法公正的重要途径。当前，应立足于构建科学的内部管理机制对司法审判权的行使进行科学化、规范化、程序化控制，使法院各项工作进入有序运作的轨道，切实提高审判的质量。

（一）推进网上办公办案的规范化

管理因借助科技手段而升级，审判管理必须借助信息化手段，实施科技强院，依托审判质效信息平台，进行程序控制、质量监控、动态管理和宏观决策。加大对计算机技术及网络运用的培训支持力度，加快数字化法庭的建设和使用，大力推进常规办公的"无纸化"，除保密材料外，实现网上文件传阅、审签和办理，提高办公效率。网上办案的实质就是管人、管案、管事的综合，信息化的精髓在于办案与信息系统的同步录入，在于录入信息的客观、准确、全面。

（二）推进审判质效管理的规范化

审判管理必须围绕审判的质量与效率展开。全面审视审判"立、审、执"全过程的质量控制，完善管理措施，提升管理软实力。

一是规范院长、庭长对案件的指导和监督职责。对重大、疑难、复杂案件，立案、审判、执行人员要主动汇报，院长、庭长要及时了解关注立案、审判、执行动态，特别是要利用网上办案方式进行审核把关，严格依照审限延长法定事由履行报批手续，把好延长审限审批关。

二是规范案件的流程管理。健全案件审判、执行流程的跟踪管理，对立

案、送达、开庭、合议、法律文书制作、审签、归档等节点实行网络监控和提醒。实行审限延长告知制度,需要延长审限的,应及时告知当事人延长审限的事由和期限,增强当事人对程序的监督,控制延长审限率。

三是规范案件的质量评查。认真贯彻执行最高人民法院关于案件质量评查的相关规定,强化动态监督,切实改进和提高案件质量。

(三)规范司法公开的举措

为全面落实最高人民法院《关于司法公开的六项规定》向社会承诺的立案、庭审、执行、听证、文书、审务"六公开",应着重抓好:

一是立案环节的公开。充分发挥电子显示屏、触摸屏公示和互联网站的服务功能, 建立和完善诉讼案件网上查询系统, 健全执行案件信息查询系统,为当事人提供更多便利。

二是强化庭审公开。建立以规范庭审为中心的审判工作机制,严格庭审程序,将有计划、有侧重地组织相关群体旁听与符合条件的群众自愿旁听相结合,为旁听的群众提供更多的便利,广泛地接受群众监督。

三是落实裁判文书上网。明确裁判文书公开的范围、公开前的审核等内容,既要推进审判公开,又要防止裁判文书不加审核就上网给当事人的合法权益造成损害或对法院工作造成负面影响。

(四)推进能动司法的规范化

最高人民法院最近提出了"司法为民"的理念,强调在金融危机的特殊情况下充分发挥司法能动性,及时解决纠纷,保障经济建设的顺利、平稳进行。"司法能动性"理念的提出,为新形势下我国司法工作指明了方向。执法办案是法院的第一要务,审判工作是法院全部工作的中心。审判工作能够顺利开展,一个基本要求就是能动司法。所谓"能动司法",就是审判工作不是单纯的技术工作,法官也不是机械的办案工具,要在司法审判中体现为大局服务,为人民司法。

能动司法既不同于违背司法规律与特点的主动越权司法, 将自身职责混同行政机关,也不同于不问当地经济社会发展状况,不关注人民感受的消极被动司法,而是在尊重司法规律与特点的基础上充分发挥司法功能、实现司法职能的司法新模式。能动司法要求对经济社会在一定时期的发展形势作出司法回应与司法应对。

最高人民法院强调"大调解",确立"调解优先,调判结合"的方针,这就是能动司法在民事审判中的体现。民事审判既有定纷止争的功能,又有评价引导的作用。现在社会矛盾很多,要把化解矛盾、平息纠纷放在首位,应建立规范的大案要案报告、群体性案件、纠纷预警机制。加大行政案件、执行案件的指定管辖、交叉执行力度,破解地方保护主义难题。

坚持宽严相济的刑事政策,既要严打,又不能不问情形一味严打,对犯罪分子要分化瓦解,对于初犯、偶犯、过失犯、未成年犯,要从轻处理并回归社会,减少社会对抗。加强辖区两级法院的工作联系与沟通,切实履行好指导监督职责,规范案件请示制度,落实改判、发回案件通报、沟通制度,实行"一对一"交流指导,开展上诉案例讲评,充分发挥典型案例的指导作用,归纳形成法律的具体适用规则,统一司法尺度,促进辖区司法水平的稳步提升。

二、建立法官员额制度

法官员额制度是法官职业化进程的一个必然选择,也符合世界法治国家的发展主流。任何一项新制度的诞生,都是以与其所处的社会环境相匹配为前提的。因此,中国法院管理制度与法官制度的改革与重构,也必须能够适应现阶段我国经济、社会的发展现状与趋势,否则就不具备付诸实践的必要性与可能性。

(一)所建立的法院体系应当与辖区面积和人口相匹配

从本质上来看,法院的设置问题实际上触及的是一个国家的审判资源配置问题。其中,辖区的面积和人口情况是影响法院审判工作质量的两个直接要素,也是衡量法院审判资源配置是否合理的重要标准。当前的法院体系是按照行政区划进行设计的,势必会导致地区间法院的审理案件量严重不平衡,从而造成有限的法院审判资源不能得到合理利用。究其原因,很大程度上与我国人口的分布不平衡关系密切,人口多的地方法院所要审理的案件相对较多,而人口少的地方法院案件数量也少。

分析我国辖区面积与辖区人口的不平衡问题,其主要反映在省一级的建制上。因此,我们可以借鉴一些西方主要发达国家的做法,即在高级人民法院这一级的设置上,率先打破"省"这一行政级别,将全国按照地区面积与人口分布情况划分为几个大的司法区域,然后在每一个大区内设立相应的高级人民法院。事实上,这种管理模式并非在我国没有先例,当前我国人民银行就是采取了大区形式的管理。在高级人民法院之下，可以根据现行的制度模式设立相应的二级法院，在当前中级人民法院建制基础上彻底打破地区间的行政区划，并按照辖区面积和辖区人口的区别设立合理数量的地方法院。从实践经验来看，我国四大直辖市的中级人民法院设置就与地区一级的行政区划没有关系。对于基层人民法院的设置，从方便诉讼的角度考虑，可以维持现阶段按照县级进行设置的情况，只是应该根据辖区面积与辖区人口这两大要素对法官数量的分配进行调整。

改变现行法院设置的一个重要意义在于可以推动法官的员额管理。因为只有真正实现了按照辖区面积和人口的法院设置，全国层面的法院审判工作量才会逐渐趋于均衡，才能建立起法官员额管理的依据。

(二)所建立的诉讼模式要与上述法院体系相适应

相对于改革当前的法院层级设置这一硬环境而言，改革当前的诉讼模式则是实现法官员额制度的一种软环境变化。新诉讼模式的建立需要从下列三个方面着手：第一步是对案件进行繁简分类，将相当一部分简单民事纠纷、小额债务与轻微刑事案件单独划分出来，交由基层人民法院依照简易程序审理。这一思路的实现，既需要立法方面对简易案件的说明与界定，还需要从实践层面对简易程序的操作进行严格的规范与监督。第二步是对级别管辖的规范，即改变当前四级法院都保有对一审案件管辖权的现状，所有一审案件都划归到地方法院和基层人民法院，由它们依照普通程序和简易程序进行审理，而高级人民法院和高级法官将不再进行一审案件的审理工作。由基层人民法院进行审理的简易程序案件，一律采用一审终审制的审理原则，而地方法院的上诉法院则规定为高级人民法院。最高人民法院的工作主要是审判和监督，更加强调对发生法律效力的判决进行的审判监督。第三步是对诉讼前置程序的引入，这既能实现部分案件的庭审前结案，也能促进办案效率的提高。

(三)实现法官职位设置的规范化

进行法官员额管理的第三个前提是对法官职位设置予以规范，这也是最重要的一个前提。对法官职位的规范过程，一方面是优化现行法官专业队伍的过程，另一方面也是对当前我国近21万名法官的甄别、遴选和优化的过程。实际上，这种优化的过程也是对法官员额的初步确定过程，具体主要涉及以下主要事项：

第一，要依据《法官法》的相关规定，对非审判人员担任法官的比例进行严格限制，除极少数特殊的岗位外，规定非审判人员一律不得担任审判性质的职务。

第二，要减少审判管理性质类的职务设置，对院长和庭长的行政管理职能进行淡化。现阶段我国法院管理改革已经开始着手进行这方面的改革，例如，有些法院已经取消了副庭长这一职位的设置，这对改变当前审判管理类人员配置过多的状况有着积极意义。根据当前的人员设置状况进行假设，如果减少院长、庭长职位的一半，那么实际从事审判专业技术类工作的法官就会增加四万多人。

第三，对主力审判员的职责予以明确。根据我国《法官法》的相关规定，助理审判员是法官序列的。但《中华人民共和国法院组织法》第三十七条却规定助理审判员行使审判权是有条件限制的，助理审判员只能临时性地代行审判员相关职务。然而在实践中，助理审判员的"临时性"早已经变得毫无意义，往往在被任命之后便开始了无条件地代行审判员相关职务。现阶段我国各级法院中的助理审判员数量较多，全国范围内已经超过审判员的总人数，并且助理审判员均具有正式的法官资格。目前中国法院共有在编人员约34万，其中法官19.88万，法官人员比例明显偏高。在各级法院的实际运行中，很多行政人员仍具有法官身份。以天津市高级人民法院为例，有法官资格的"法官"共有246人，其中助理审判员就高达157人之多。如果一旦将助理审判员视同为法官，那么法官的人数将会大大扩充，从而会给未来法官助理制度的改革带来障碍。所以对现有助理审判员的甄别遴选就成为确定法官员额的重要前提之一，甄别原则是将符合法官条件的助理审判员正式任命为审判员，而其他不符合条件的可以继续担任法官助理而不再将其纳入法官序列中去。

第四，对执行人员的管理可以借鉴国际上的一般做法，即不编入法官的序列，而是纳入单独序列进行管理。实际上，造成执行难的因素绝对不是单一方面的，因此将解决执行难问题的途径单纯地归结到提高执行人员的地位，甚至是赋予执行人员权力，是较不明智的。

第五，通过建立法官员额制下的淘汰机制，确保优秀法官留在审判一线。当前，应进一步完善法官绩效考核、审判长资格选任等淘汰机制，多方式、多途径地对法官队伍进行优化配置。如此，无论从哪种意义上来分析，实行法官员额制后,在法官序列之内的法官将都是符合法官条件、名副其实的法官,而那些有法官资格但却从不进行审判的"法官"因此被拒之门外。这也正是实行法官淘汰机制的目的所在,一方面,加快速度对法官序列中那些不符合条件的法官予以替换,从整体上提高法官的素质;另一方面,也能因此腾出相应的职位以吸纳高素质法律人才的进入,保证法官队伍专业素质高的特征。曾有学者指出,法院、检察院沿用单一化管理模式,审判职能与行政职能不分,岗位职责不清,论资排辈,容易造成人才流失,也容易导致行政化办案机制的形成。

另外,司法管辖区域内的经济发达程度对法官定额的影响也是客观存在的。因为地区经济差异在很大程度上造成各地区之间法官素质的差异和纠纷成讼规模的不同。所以地区经济发达程度也是法官定额所要考虑的一个因素。

综上,我们应从中国国情出发,以司法管辖区域单位面积的人口数量作为法官定额的基本标准,同时兼顾考虑经济发展水平、审判工作量等相关因素,科学合理地确定法官员额。

三、完善法官遴选制度

(一)设立法官遴选委员会或法官选任委员会

从现阶段我国的基本情况来看,党委组织部门与法院内部的党组负责法官候选人的评审遴选工作。这种评审机制存在着一定的弊端,主要表现为程序相对简单,对候选人的背景情况缺乏深度细致的了解,评审过程不公开、不透明,不利于来自社会各界的监督。在改善法官选任机制方面,笔者认为应该借鉴国外的先进经验,在人民代表大会设立一个常任机构——法官选任委员会,专门负责评审法官的资质与条件。对于法官选任委员会的成员,一般由资深的检察官、资深的法官、资深的律师、著名的法学专家和有专业知识背景的人大代表构成。在法官选任委员会的管理机制方面,一般下设一个长期工作机构,其工作内容是收集与法官候选人相关的详细材料,逐步建立起一个培养后备法官人才的资料库,为选拔优秀法官作好工作准备。对于法官的任命,需要由该部门首先进行投票,以表决该候选人是否通过了该部门的意见,之后再进行全国人大的表决。

设立法官选任委员会具有重要意义：一是能够促进法官候选人评审机制走向程序化和规范化，有效避免了法官选任方面存在的腐败现象；二是能够帮助人大常委会对候选人情况进行详细了解，有效避免了人大及其常委会对法官的任命流于形式的问题；三是能够促进法律界知名人士参与到法官选任中来，调动法律专业人士在法官选任方面的积极性；四是能够推动社会各界对法官遴选过程与机制的监督，从而保证人民民主监督的实现。

(二)对大陆法系国家的法官选任模式进行借鉴

我国法官选任机制的确定，应当在立足现阶段我国国情的基础上，把握和借鉴西方现代法治国家法官的选任制度与发展趋势，继而建立既具有中国特色又能够反映世界法治现代化潮流的中国法官选任制度。这是因为法律及其机制的运行有着其内在的独特规律，这是任何现代法治国家都不能够违背的基本信条，也正是基于此，法律的全球化已经成为时代要求和时代特征。卡多佐曾经对此作出过相关论述，他指出"主要的问题并不在于法律的起源是什么，而在于法律的目标是什么。如果根本不了解这条道路到底会引导至何方，我们也就不可能非常智慧地选择该路径"。根据以上分析，在确定一国的法官选任模式之前，需要首选确定改革所要遵循的路径。对此，笔者认为应当从大陆法系国家的法官选任模式中汲取经验，理由主要有以下四个方面：①我国在传统上是归类于大陆法系国家的，我国法典式的立法模式要求建立与之相匹配的法官遴选制度；②我国高等教育中法学教育的重要目的之一便是培养职业的法律工作者，其中很多大学毕业生经过选拔成为法官，这与大陆法系国家的高等教育体制和法官选任机制有着共通之处；③通过立法，我国已经确立了经过国家统一司法考试作为法官选任的重要机制之一，另外我国也更习惯以考试的形式进行官员选任，而这也与大陆法系国家的法官遴选机制相类似；④鉴于现阶段我国的律师队伍建设尚不健全，因此从律师中选拔优秀人才担任法官的机制还不成熟，在实践操作中也存在着较大困难。

(三)建立起法官的逐级选任制度

自新中国成立以来，我国对法官的管理便一直缺少灵活性，处于一潭死水式的状态，特别表现在上下级法院之间的法官缺乏流动性。这直接导致的结果是，缺乏实际的办案经历、从事审判业务监督与指导工作的上级法院法官进行业务工作的能力和素质都不能得到有效保证。针对该问题，应当打通我国法院管理中的选拔渠道，为更多下级法院的优秀法官到上级法院担任法官提供多种渠道。尽管当前在我国实行这一机制存在着相当的难度，但这仍然是我国法官选任制度改革的趋势所在。现阶段，我国四级法院之间是监督与被监督的关系，各级法院都分别承担着不同性质的工作。然而事实上，对上级法院法官的素质应该提出更高的要求，这是符合国际一般做法的。因为上级法院所承担审理的一般是在本辖区内产生了重大影响的、干扰和阻力都比较大的案件，此外还负责对下级法院开展专业业务监督与指导的职责。世界上许多西方发达国家都从法律上对不同层级法官的任职作出了区别性的规定，总的来说，实行法官的逐级选任制度一般是出于以下考虑：从总体上来看，是为了保证不同层级法院的法官都要具备与其职位特点相符合的专业素质；从具体方面来看，如果在上级法院工作的法官曾经有在下级法院工作的相关经验，就能够更好地应对一些重大、疑难案件的审理，从而保证上级法院的工作质量，同时能够保证上级法院对下级法院开展的业务监督指导具有较强的权威性，促进上级法院威望的提升，此外，这也为专家型法官的成长提供了可供选择的路径。

（四）司法考试与司法培训的衔接

目前，我国的统一司法考试不能遴选出优秀人才担任法官，原因在于：一方面当然是待遇问题，另一方面则是统一司法考试与法官培训的关系。由于我国尚未建立完备的法官培训机制，就司法培训而言，我国的法官在从事法官工作之前，获得司法经验和技能的主要途径是老法官作为师傅带徒弟式"传帮带"的方式。这远远不能适应新形势下，人民群众对司法的新期待和新要求。

实行何种培训制度将直接决定着法官的遴选方法。在这个问题上，我们可以在借鉴国外关于法官培训经验的基础上，结合我国实际情况，对通过司法考试的人员采取初任法官针对性培训，可以分为民事、刑事、行政等专业，培训时间至少六个月；培训结束后，回到所在法院或下级法院担当法官助理，并且至少在两个部门担任法官助理，锻炼的重点则主要集中于司法实践经验的培养，如观摩庭审、讯问被告人、询问证人、当事人、调查取证等审判实践，协助法官办案或独立承办较简单的案件，在每个部门的工作时间不能少于一年，最后经过遴选实现专业的分流，方可通过一定的程序被任命为法官。但在审判实践中，本科毕业到任命为法官，时间一般不少于六年，研究生以上一般不少于三年。

(五)提高法官的待遇

为什么在通过统一司法考试的人员中，有一大部分人不愿意从事法官职业,使司法考试在一定程度上成为人才逆向流动的机制,原因当然是多方面的,但问题的关键还是在于法院系统的待遇偏低,法院没有足够的诱惑力来吸引优秀的人才留在法院或进入法院。在社会主义市场经济这一大环境下，只有提高了法官的收入和待遇,才有更多优秀的法律人才愿意出任法官,相应地,法官的素质也就会大大提高,并且由于法官职位变成一个高收入的职位,法官自然也会更珍惜这个职位,因此也一定会减少司法腐败。

在现有体制下，提高法官的收入是一个系统工程，实行起来确实有难度。目前,减少法官的数量也是一个比较有效的途径,而减少法官数量的前提是必须减少司法纠纷，把法院的主要功能从纠纷解决转向规则之治。当前,所倡导的大调解机制正是解决这一问题的有效办法。减少法官数量的另一个方法就是在法院内部实行人事多元化管理体制，即将法院的工作人员分成法官、执行官、书记官、法警、后勤五大部分。对不同性质的人员采用不同的录用标准、不同的管理方法,对法官的录用标准要求最高、入门难度最大,在此基础和现有条件下,适当提高法官的待遇,增加法官职业的吸引力,而且这样做也不会使法官的高薪制受到社会的责难。

(六)逐步完善和建立法官长任期制

在我国推行法官长任期制并非照抄照搬美国的经验,事实上,美国法官的终身制因为存在着一些弊端而被一些美国学者称为"最愚蠢的条款"之一。但是,依据波斯纳的研究,法官是更需要固态智力的一项工作,并且这种固态智力往往在人到60岁之后仍然增长,而不是衰落,可能会持续到80岁,而且我国的人均寿命已超过70岁。因此,在我们这个司法知识传统非常缺乏并很少积累的国家,在制度上防止司法经验的流失显得更为重要。而且,推行法官长任期制,即推迟法官的法定退休年龄,也意味着法官收入的增加、地位的提升。具体的做法是:在法官相对职业化的前提下,推迟法官的退休年龄,按照现在人口的发展状况,可推迟到65至70岁,不应有性别的差异。但这并不是要求法官只有到了这个年龄才可以退休,可以允许法官提前退休,并且将这种规定制度化。同时考虑到我国的现状,防止在法官待遇相对提高后,其他官员在退休前几年出任法官,可以规定在60岁时任法官满15年或20

年,才可以推迟到65或70岁退休。

（七）逐步实行各级法院院长从法官中选任的制度

按照《法官法》的规定,人民法院院长、副院长都应该从法官或其他具备法官条件的人员中进行选拔任用。进一步而言,这一规定意味着法院的院长和副院长只要具有本科学历,而且可以不用通过严格的司法考试便可以被选任。这反映了该规定对法院院长任命条件的规定非常宽泛,其带来的结果一方面是我国很多各级法院的院长、副院长来源于党政机关,另一方面导致了相当一部分地方法院的院长缺乏必要的法律专业素养和法律职业道德。

诚然,这种选任机制在一定时期和一定条件下是有利于保障法院领导综合素质的。但是随着依法治国战略方针的提出,该选拔机制的弊端日益显现,并由此引发了诸多问题,主要表现在三个方面:一是不利于实现司法公正和提高办案质量。当前的案件审理仍然需要经过院长的审批,而从党政机关调任法院的院长,由于缺乏系统的法律专业训练和缺少审判实践,很难从真正意义上承担起对案件进行最后把关的重要职责。二是不利于保障司法的独立性。这些从党政机关调入的法院院长,在人事等方面与其他工作系统存在着千丝万缕的联系,关系异常复杂,很难保证他们在案件的最后审批环节保持公正性和独立性。三是不利于将优秀的法律人才吸纳到法院专业人才队伍中来,从而影响了法院工作人员队伍建设的职业化、专业化与精英化。在严格的司法考试把关下,法官的专业素质显著提升,也聚集了一批优秀的专业技术人才。面对这种情况,从党政机关中选任法院院长的机制,势必会对一些优秀人才的晋升带来困难。

对此,笔者认为对院长选任机制的改革可以分成两步走。第一步是从近期来看,根据《法官法》的相关要求,可以尝试今后不再将没有获得过法律专业本科文凭的党政领导干部调任至法院担任院长;第二步是从长远发展的角度来看,应该在今后三到五年内修改《法官法》的相关规定,使法院院长只能从具备法官资格的人员中产生。如此,才能真正地推动我国的法制建设和真正实现司法独立与司法公正。

四、立足自律与他律机制推进法院文化建设

法院文化是向社会展现法院良好形象和法院精神风貌的重要媒介,也能促进法院专业队伍素质的提升,进而增强法院工作人员队伍的凝聚力、向心力和战斗力。进一步推进和加强法院文化建设,弘扬司法核心价值观,对于改善法院管理有着重要作用。全面推进法院文化建设,以不断适应社会主义先进文化的发展要求,同时不断满足法官及其他工作人员日益增长的精神文化需求,对于推动我国法院相关工作的科学发展具有十分重要的意义

在法院管理实践中,应立足自律与他律机制推进法院文化建设,以充分发挥法院文化在改善法院管理方面的作用。法院文化建设的职业道德建设应与法治制度的完善结合起来,实现自律机制与他律机制的结合。推进以公平、公正、廉洁为核心的法院文化建设,其实质就是构建法官自律机制和他律机制的过程。构建法官自律机制的立足点是推动形成法官"不愿为"的自我约束机制,其基本途径是加强职业道德建设,强化法官及其他工作人员的责任意识。他律机制的建设,有利于进一步促进法官的自我约束动力,使"他律"效应向"自律"效应转变。

第七章 结 论

第一节 研究工作现状

一、研究工作总结

现代法院管理是一个系统工程。本书从法院管理的整体系统角度,对法院审判管理和行政管理进行了论证分析。深入剖析了当代中国法院管理的现存问题,并通过与外国法院管理模式进行比较分析,尝试归纳了中国法院管理在实际运行机理上存在的若干问题,主要包括以下四个角度:①法院管理的基本工作制度;②司法独立与法院管理;③司法公正与法院管理;④法院管理价值冲突及其协调。

在理论分析的基础上,本书进一步从具体个案角度进行了验证和分析。在审判管理的案例方面,选择了外部视角下的独立审判缺失和内部视角下的直接审判缺失两个论证角度;在法院行政管理的案例方面,选择了法官逐级选任与遴选制度完善、法院文化建设与法院管理目标实现两个论证角度。本书系统提出了完善中国法院管理的对策思考,主要包括司法改革的目标导向和基本原则、法院审判管理的改革设想和法院行政管理的改革设想三方面内容。

总体而言,目前还没有专门系统研究狭义概念下"法院管理"的专著和论文,本书在这方面作出了一定的开拓性探索。特别是在中国政治体制改革和民主与法制建设的新时期,如何进一步理顺法院内部各项管理的关系,使之制度化、规范化、法制化,以确保法院司法审判的独立性,从而强化法院的权威性和公正性,如何改变以往法院内部存在的行政化管理,建立符合法院审判需要的司法化管理模式,是目前理论界急需解决的重要问题。本书对上述问题进行深入探索,对法院管理的改革与完善具有一定的应用价值。

二、主要研究结论

本书尝试对法院管理进行系统化研究。在新时期,这一研究对于进一步理顺法院内部各项管理的关系,使之制度化、规范化、法制化,确保法院司法审判的独立性,从而强化法院的权威性和公正性等,均有着重要的理论和实践价值。本书对于如何改变以往法院内部存在的行政化管理,建立符合法院审判需要的司法化管理模式等重要理论问题,进行了尝试性的分析和解答,一些研究成果和建议可以为改善中国法院管理提供参考性意见。研究结论主要包括:

第一,提出推进法院管理的去行政化。司法体制行政化已经成为实现司法独立和司法公正的制度障碍和观念障碍,因此司法体制改革当以改革司法体制的行政化为核心,推进去行政化的司法改革。本书剖析了中国司法体制行政化的历史原因和现实原因,针对司法体制行政化衍生出的种种弊端,提出了推进法院管理的去行政化主张。这一创新主张至少可以为推进司法体制改革提供一个可行的操作化建议。

第二,提出了建立专业审判委员会的解决方案。基于现行审判委员会制度导致直接审判缺失的司法现实,笔者根据多年的审判工作经验,剖析了现行审判委员会制度的主要弊端,并在此基础上提出了建立专业审判委员会的主张,并尝试提出了建立专业审判委员会的解决方案。主要内容包括两个方面:其一,实行专业审判委员会委员的直接庭审;其二,确保双方当事人知情和有权申请回避,以口头或书面的形式告知双方当事人专业审判委员会的成员组成名单,由双方当事人判断是否申请回避,并同时提供申请回避的理由。专业审判委员会的设置,可以改善目前审判委员会制度违背直接审判原则、审判回避原则和审判公开原则的司法弊端。

第三,提出当前完善法官遴选制度的首要任务是切实建立法官遴选的多元把关机制。当前构建这一机制的主要内容有二:其一,切实建立三方参与的审查机制,即在遴选程序上,从基层公开遴选法官,不仅要由高级人民法院直接进行审核与评估,还应由该法官所在的基层单位其他法官和所在地区的社会民众参与审核与评估,即建立由高级人民法院、基层单位其他法官和社会民众三方共同参与的审查机制。多元审查的环节可置于公示后进行。其二,应在录用后增加六个月的试用期。试用期的设置,不仅有助于更加全面地考察从基层公开遴选法官的实际业务能力和职业道德水平,也有利于激励新提升的法官努力提高自身业务的能力。

第四,提出法院文化建设的实质是构建法官自律机制和他律机制的过程。本书创新地提出,以公平、公正、廉洁为核心的法院文化建设,其实质是构建法官自律机制和他律机制的过程。法院文化建设的职业道德建设应与法治制度的完善结合起来,实现自律机制与他律机制的结合。构建法官自律机制的立足点是推动形成法官"不愿为"的自我约束机制,其基本途径是加强职业道德建设,强化法官及其他工作人员的责任意识;他律机制的建设,有利于进一步促进法官的自我约束动力,使"他律"效应向"自律"效应转变。

第二节 后续研究思考

一、法院财政经费的独立性与坚持独立审判原则的关系

法院财务管理工作是审判工作正常运转的物质基础。如何实现对法院财务工作的科学、高效的管理,已成为各级法院共同面临的一个重要课题。作为国家的审判机关,审判管理自然是法院管理的最核心部分,但法院管理的其他组成部分同样对其审判机关职能的实现有着重要的意义。法院的财务管理是法院行政管理的重要内容,具体包括经费管理、装备物资管理和诉讼费管理等。在本书的研究过程中,笔者注意到了法院财政经费来源对确保独立审判原则的影响,即确保法院财政经费的独立性,将有利于保障法院审判案件的独立性。但对于如何具体实现法院财政经费的独立性,将需要从财政预算、财政监督等多方面进行系统论证。这将是今后继续努力研究的一个重要方向。

二、对基层法院管理工作的研究

本书的研究对象界定在地方各级人民法院,而不包含最高人民法院、军事法院等专门人民法院中的法院管理工作。在纵向维度,地方法院管理具体存在于多个层级,即基层人民法院、中级人民法院、高级人民法院。其中,基层人民法院又包括:市辖区人民法院、自治县人民法院、县人民法院和市人民法院。笔者著书的实践基础,是在高级人民法院从事审判活动的长期经历,因此许多思想和论据主要来源于高级人民法院层面。对于法院管理在基层人民法院这一微观层面存在问题的研究,将是笔者今后继续努力的一个研究方向。

三、法院管理的特殊性规律研究

本书利用了系统科学的和行政管理学的相关理论,对法院管理进行了研究,剖析了法院管理实践活动中的一些重要问题,总结和进一步阐释了法院管理的若干一般性规律。但是,由于法院管理区别于行政管理的内在属性,这决定了法院管理有其自身的特殊性规律。对这些特殊性规律的探索和把握,不仅有利于推进法院管理理论研究的进一步发展,也无疑将会为更好地指导法院管理实践活动提供有力的智力支持。

参考文献

一、中文著作

1.《董必武法学文集》,法律出版社,2001年。

2.《江华传》编审委员会编:《江华传》,中共党史出版社,2007年。

3.[英]《培根论说文集》,商务印书馆,1983年。

4.[德]《韦伯作品集——法律社会学》,康乐、简惠美译,广西师范大学出版社,2005年。

5.[美]E.博登海默著:《法理学——法哲学及其方法》,邓正来、姬敬武译,华夏出版社,1987年。

6.[美]F.泰勒著:《科学管理原理》,韩放译,团结出版社,1999年。

7.[英]M.J.C.维尔著:《宪政与分权》,苏力译,生活·读书·新知三联书店,1997年。

8.[英]阿蒂亚著:《法律与现代社会》,范悦、全兆一、白厚洪、康振家译,辽宁教育出版社,1998年。

9.[美]埃尔曼著:《比较法律文化》,高鸿钧、贺卫方译,生活·读书·新知三联书店,1990年。

10.[南非]保罗·西利亚斯著:《复杂性与后现代主义——理解复杂系统》,曾国屏译,上海世纪出版集团,2006年。

11.[美]彼得·F.德鲁克著:《管理:任务、责任、实践》(上),孙耀君译,中国社会科学出版社,1987年。

12.[美]波斯纳著:《法理学问题》,苏力译,中国政法大学出版社,1994年。

13.[美]波斯纳著:《法律的经济分析》,蒋兆康、林毅夫译,中国大百科全书出版社,1997年。

14.[美]波斯纳著:《法律之经济分析》,唐豫民译,台湾商务印书馆,1987年。

15.[美]伯尔曼著:《法律与革命》,贺卫方、高鸿钧译,中国大百科全书出版社,1993年。

16.[美]伯尔曼著:《法律与宗教》,梁治平译,生活·读书·新知三联书店,1991年。

17.当代中国丛书编辑委员会编:《当代中国的司法行政工作》,当代中国出版社,1995年。

18.柴发邦等撰:《民事诉讼法学》,法律出版社,1987年。

19.陈光中、徐静村主编:《刑事诉讼法》(修订版),中国政法大学出版社,2001年。

20.陈光中主编:《中国刑事诉讼程序研究》,法律出版社,1993年。

21.陈瑞华:《看得见的正义》,中国法制出版社,2000年。

22.程荣斌主编:《中国刑事诉讼法教程》,中国人民大学出版社,1996年。

23.[日]大木雅夫著:《比较法》,范愉译,法律出版社,1999年。

24.[英]丹宁著:《法律的正当程序》,李克强、杨百揆、刘庸安译,群众出版社,1984年。

25.[美]德沃金著:《法律帝国》,李常青译,中国大百科全书出版社,1996年。

26.《邓小平文选》(第二卷),人民出版社,1994年。

27.[法]莱昂·狄骥著:《公法的变迁、法律与国家》,郑戈、冷静译,辽海出版社、春风文艺出版社,1999年。

28.[法]法约尔著:《工业管理和一般管理》,曹永先译,团结出版社,1999年。

29.[美]格伦顿、戈登、奥萨魁著:《比较法律传统》,米健等译,中国政法大学出版社,1993年。

30.公丕祥著:《法制现代化的理论逻辑》,中国政法大学出版社,1999年。

31.龚祥瑞著:《西方国家司法制度》,北京大学出版社,1993年。

32.[日]谷口安平著:《程序的正义与诉讼》,王亚新等译,中国政法大学出版社,1996年。

33.[美]哈罗德·孔茨、海因茨·韦里克著:《管理学》,张晓君等译,经济科学出版社,1998年。

34.[英]哈耶克著:《法律、立法与自由》(第一卷),邓正来译,中国大百科全书出版社,2000年。

35.[美]汉密尔顿等著:《联邦党人文集》,程逢如、在汉、舒逊译,商务印书馆,1980年。

36.贺卫方编:《中国法律教育之路》,中国政法大学出版社,1997年。

37.[美]赫伯特·A.西蒙著:《管理决策新科学》,李柱流等译,中国社会科学出版社,1982年。

38.胡鞍刚主编:《中国战略构想》,浙江人民出版社,2002年。

39.胡夏冰等编著:《司法公正与司法改革研究综述》,清华大学出版社,2001年。

40.[英]霍布斯著:《利维坦》,黎思复、黎廷弼译,商务印书馆,1986年。

41.季卫东著:《法律秩序的建构》,中国政法大学出版社,1999年。

42.江伟主编:《民事诉讼法学原理》,中国人民大学出版社,1999年。

43.蒋惠岭等著:《法院独立审判问题研究》,人民法院出版社,1998年。

44.[奥]凯尔森著:《法与国家的一般理论》,沈宗灵译,中国大百科全书出版社,1996年。

45.[美]科恩著:《论民主》,聂崇信等译,商务印书馆,1994年。

46.[德]拉德布鲁赫等著:《法学导论》,米健、朱林译,中国大百科全书出版社,1997年。

47.李建设:《现代组织学》,浙江教育出版社,1998年。

48.李龙主编、汪习根执行主编:《法理学》,人民法院出版社、中国社会科学出版社,2003年。

49.[美]理查德·波斯纳著:《法官如何思考》,苏力译,北京大学出版社,2009年。

50.厉以宁等编著:《现代西方经济学概论》,北京大学出版社,1983年。

51.林钰雄著:《刑事诉讼法》(下册),中国人民大学出版社,2005年。

52.林州市地方史志办公室编纂:《林州市志》,中州古籍出版社,2004年。

53.[美]罗伯特·考特、托马斯·尤伦著:《法和经济学》,张军等译,上海三联书店、上海人民出版社,1994年。

54.[美]罗斯科·庞德著:《通过法律的社会控制/法律的任务》,沈宗灵、黄世忠译,商务印书馆,1984年。

55.《马克思恩格斯全集》(第1卷),人民出版社,1956年。

56.《马克思恩格斯选集》(第一、二、三卷),人民出版社,1995年

57.[法]孟德斯鸠著:《论法的精神》(上),张雁深译,商务印书馆,1959年。

58.莫远航主编:《人民法院管理理论与实务——以审判为中心 以法官为主体》,人民法院出版社,2007年。

59.[日]棚濑孝雄著:《纠纷的解决与审判制度》,王亚新译,中国政法大学出版社,1994年。

60.秦静等主编:《质量管理学》,科学出版社,2005年。

61.《政法工作五十年——任建新文选》,人民法院出版社,2005年。

62.深圳市地方志编纂委员会编:《深圳市志·法制政务卷》,方志出版社,2006年。

63.沈亚平等主编:《社会转型与行政发展》,南开大学出版社,2005年。

64.沈宗灵著:《现代西方法理学概论》,北京大学出版社,1992年。

65.宋冰编:《程序、正义与现代化》,中国政法大学出版社,1998年。

66.苏力著:《法治及其本土资源》,中国政法大学出版社,1996年。

67.孙荣等编著:《行政学原理》,复旦大学出版社,2001年。

68.孙万胜著:《司法权的法理之维》,法律出版社,2002年。

69.孙业群著:《司法行政权的历史、现实与未来》,法律出版社,2004年。

70.[美]塔尔科特·帕森斯著:《社会行动的结构》,张明德、彭刚等译,译林出版社,2003年。

71.[美]汤森等著:《中国政治》,顾速等译,江苏人民出版社,2005年。

72.汤阴县史志编纂委员会编:《汤阴县志》,中州古籍出版社,2004年。

73.[法]托克维尔著:《论美国的民主》(上卷),董果良译,商务印书馆,1993年。

74.汪习根主编:《司法权论——当代中国司法权运行的目标模式、方法与技巧》,武汉大学出版社,2006年。

75.王利明著:《司法改革研究》,法律出版社,2000年。

76.王盼等著:《审判独立与司法公正》,中国人民公安大学出版社,2002年。

77.[德]乌尔里希·贝克著:《风险社会》,何博闻译,译林出版社,2003年。

78.[古罗马]西塞罗著:《论共和国·论法律》,王焕生译,中国政法大学出版社,1997年。

79.夏书章主编:《行政管理学》,中山大学出版社,1998年。

80.[美]小詹姆斯·H.唐纳利、詹姆斯·L.吉布森、约翰·M.伊凡著:《管理学基础：职能、行为、模型》，李柱流等译，机械工业出版社，1982年。

81.谢晖著：《价值重构与规范选择》，山东人民出版社，1998年。

82.谢瑞智编著：《宪法辞典》，台湾文笙书局，1979年。

83.信春鹰、李林主编：《依法治国与司法改革》，中国法制出版社，1999年。

84.徐显明主编：《法理学教程》，中国政法大学出版社，1999年。

85.[古希腊]亚里士多德著：《尼各马科理学》，苗力田译，中国社会科学出版社，1999年。

86.杨一平著：《司法正义论》，法律出版社，1999年。

87.杨永华等著：《陕甘宁边区法制史稿》(诉讼狱政篇)，法律出版社，1987年。

88.尹忠显主编：《法院工作规律研究》，人民法院出版社，2003年。

89.[美]约翰·罗尔斯著：《正义论》，何怀宏等译，中国社会科学出版社，1988年。

90.曾宪义主编：《中国法制史》，北京大学出版社、高等教育出版社，2000年。

91.张卫平主编：《司法改革评论》(第二辑)，中国法制出版社，2002年。

92.张希坡主编：《革命根据地法制史》，法律出版社，1994年。

93.章武生等著：《司法现代化与民事诉讼制度的构建》，法律出版社，2000年。

94.周道鸾主编：《外国法院组织与法官制度》，人民法院出版社，2000年。

95.最高人民法院政治部编：《中华人民共和国人民法院机构名录(2004)》，人民法院出版社，2004年。

96.左卫民、周长军著：《变迁与改革——法院制度现代化研究》，法律出版社，2000年。

二、外文著作

1.W. Bradley and K. D. Ewing, *Constitutional and Administrative Law*, Longman (an imprint of Pearson Education)2003,13edn.

2.Arthur T. Vanderbilt, *the Challenge of Law Reform*, Princeton University Press,1955.

3.Henry J. Abraham, *Judicial Process*, Oxford University Press,1998.

4.Henry R. Glick, *Courts, Politics, and Justice*, McGraw-Hill Book Company,1983。

5.L. Ralph Meacham, *Introduction to Mercer Law Review Symposium Federal Judicial Independence*, 46 Mercer, Rev., 1995.

6.Mauro Cappelleiti, *Who Watches the Watchmen?—A Comparative Study on Judicial Independence*, Martinus Nijhoff Publishers, 1985.

7.Niklas Lumhmann, *Law as a social system*, Oxford University Press, 2004.

8.Russell R. Wheel and Charles Nihan, *Administering the Federal Judicial Circuit：A Study of Chief Judges'Approaches and Procedures*, Federal Judicial Center, 1982.

9.John Rawls, *A Theory of Justice*, Harrard University Press, 1977.

三、中文论文

1.《人大代表左世忠、公丕祥、梁明远建议：改革人民法院司法警察体制》,《人民法院报》,2008年3月9日。

2.《陕西公检法建立刑事沟通协调机制》,《陕西日报》,2010年4月1日。

3.陈灿平:《司法公正内涵新议》,《法制日报》,2002年1月27日。

4.陈瑞华:《司法公正与司法的被动性》,《人民法院报》,2002年2月26日。

5.陈瑞华:《司法权的性质——以刑事司法为范例的分析》,《法学研究》,2000年第5期。

6.陈瑞华:《现代是审判独立原则的最低标准》,《中国律师》,1993年第3期。

7.陈晓燕:《简论司法公正及其实现条件》,《光明日报》,1999年10月22日。

8.程荣斌、邓云:《审级制度研究》,《湖南省政法管理干部学院学报》,2007年第5期。

9.迟军等:《洛阳迈出法官职业化可喜步伐》,《人民法院报》,2002年9月6日。

10.傅郁林:《审级制度的建构原理——从民事程序视角的比较分析》,《中国社会科学》,2002年第4期。

11.顾培东:《效益:当代法律的一个基本价值目标》,《中国法学》,1992年第3期。

12.顾培东:《中国司法改革的宏观思考》,《法学研究》,2003年第3期。

13.何兵:《法官的肩头》,《法治时代周刊》,2001年9月3日。

14.何家弘:《司法公正论》,《中国法学》,1999年第2期。

15.贺卫方:《中国司法管理制度的两个问题》,《中国社会科学》,1997年第7期。

16.胡云腾、朱红霞、程军:《论依法治国的几个问题》,《广东社会科学》,1996年第5期。

17.蒋慧岭:《我国实现独立审判的条件和出路》,《人民司法》,1998年第3期。

18.孔祥林:《影响司法公正的制度性缺陷分析》,《唯实》,2000年第3期。

19.刘海亮:《司法体制改革的关键:完善职权划分 清晰角色边界》,《司法研究》,2003年第2期。

20.刘武俊:《法官职业走出泛行政化定位的误区》,《人民日报》,2002年8月5日。

21.龙宗智、李常青:《论司法独立与司法受制》,《法学》,1998年第12期。

22.上海市第一中级人民法院研究室:《21世纪司法制度面临的基本课题》,《法学》,1998年第12期。

23.沈德咏:《在全国法院执行队伍建设会议上讲话》,《最高人民法院情况通报》,2002年第14期。

24.谭兵、王志胜:《论法官现代化:专业化、职业化和同质化——兼谈中国法官队伍的现代化问题》,《中国法学》,2001年第3期。

25.王秋兰:《对我国民事审计制度的反思与管见》,《新疆社会科学》,2001年第2期。

26.吴晓东:《审判运行机制改革需解决的三问题》,《人民法院报》,2000年6月2日。

27.夏锦文:《社会变迁与中国司法改革:从传统走向现代》,《法学评论》,2003年第1期。

28.肖扬:《人民法院改革的进程与展望》,《国家行政学院学报》,2000年第3期。

29.肖扬:《新年献词》,《人民法院报》,2008年1月1日。

30.徐显明:《何谓司法公正》,《文史哲》,1999年第6期。

31.许前飞:《关于建立中国法官定额制度若干问题的思考》,《法学评论》,2003年第3期。

32.许前飞:《再论中国法官素质》,《人民司法》,2002年第1期。

33.杨荣新、乔欣:《重构我国民事诉讼审级制度理论的探讨》,《中国法学》,

2001年第5期。

34.易延友:《司法独立之理念》,《欧洲法律与经济评论》,2002年9月23日。

35.张品泽、汪大宝:《试论民事审判中审计制度改革》,《社会科学家》,1999年第4期。

36.张卫平:《论我国法院体制的非行政化——法院体制改革的一种基本思路》,《法商研究》,2000年第3期。

37.赵年:《法院文化建设的几点思考》,《西部法治报》,2006年6月29日。

38.苏力:《论法院的审判职能与行政管理》,《中外法学》,1999年第5期。

四、外文论文

1.Penny Darby shire, Eddy & Darby shire on the English Legal System, *Sweet & Maxwell*, 7th edition, October 001.

2.Thomas E. Plank, the Essential Elements of Judicial Independence and the Experience of Pre-Soviet Russia, *William and Mary Bill of Rights Journal*, Vol.5.1996.

五、法律、政策

1.《德国法院组织法》。

2.《第五届全国人民代表大会第三次会议关于最高人民法院工作报告和最高人民检察院工作报告的决议》,1980年9月10日。

3.《人民法院司法警察暂行条例》。

4.1951年《中华人民共和国人民法院暂行组织条例》。

5.《日本裁判所法》。

6.1991年《未成年人保护法》。

7.《预防未成年人犯罪法》,1999年6月28日。

8.《中华人民共和国人民法院组织法》。

9.《中华人民共和国人民检察院组织法》。

10.1982年《中华人民共和国宪法》。

11.《中华人民共和国法官法》。

12.国务院工资改革小组、劳动人事部:《关于地方各级人民法院工作人员工资制度改革问题的通知》,1987年11月。

13.最高人民法院、国家机构编制委员会:《关于设立各级人民法院监察机构的通知》,1989年7月28日,法(纪)发〔1989〕20号,国机地编〔1989〕4号。

14.最高人民法院:《关于建立行政审判庭的通知》,1987年1月14日。

15.最高人民法院:《关于适用〈中华人民共和国民事诉讼法〉若干问题的意见》。

16.最高人民法院:《关于最高人民法院告诉申诉审判庭的职责范围和启用印章的通知》,1987年10月8日。

17.最高人民法院:《关于海事审判工作发展的若干意见》,2006年11月9日。

18.最高人民法院:《关于加强法官队伍职业化建设的若干意见》。

19.最高人民法院:《关于建立法院系统监察机构若干问题的暂行规定》,1989年8月15日。

20.最高人民法院2008年工作报告。

21.最高人民法院2009年工作报告。

22.《最高人民法院关于印发〈人民法院司法警察训练大纲〉的通知》,2005年2月21日,法发〔2005〕3号。

23.《最高人民法院关于印发〈人民法院五年改革纲要〉的通知》,1999年10月20日,法发〔1999〕28号。

后 记

衷心感谢沈亚平教授对本书的悉心指导。他的辛勤教诲和给予我的太多关怀令我十分感动，内心的感激之情是我无法用语言来表达的。

在本书的写作过程中，我得到了很多老师的指点。我要特别感谢南开大学周恩来政府管理学院的常健、金东日、王骚、孙晓春等老师，他们给予我很多指导和帮助。我还要特别感谢法学院的傅士成、魏建馨等老师，他们就本书的结构、论证路线等问题提出了大量的宝贵意见，并为我提供了许多重要的文献资料。老师们的教诲和指导使我受益匪浅，特别是引发了我从理论层面对中国法院管理实践的深入思考。诸位老师的批评、指点和鼓励，不仅帮助我解答了诸多困惑和疑难问题，也帮助我以新的视角去思考如何解决在法院管理实际工作中遇到的各种问题。

感谢同门师兄弟姐妹们的热情帮助，特别是宋心然、马原、卓杰等，他们在资料收集、写作思路等各个方面给予了我无私的支持。更要感谢我的同学盛林，他为论文及书稿的完成付出辛勤的劳动。我还要感谢天津市高级人民法院的领导和同事们在此期间对我的帮助和大力支持。

感谢家人给予我的极大鼓励和支持！

郝红鹰

2016年5月5日